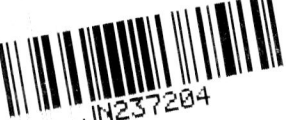

テニス
4スタンス
スイング革命

A1

A2

B1

B2

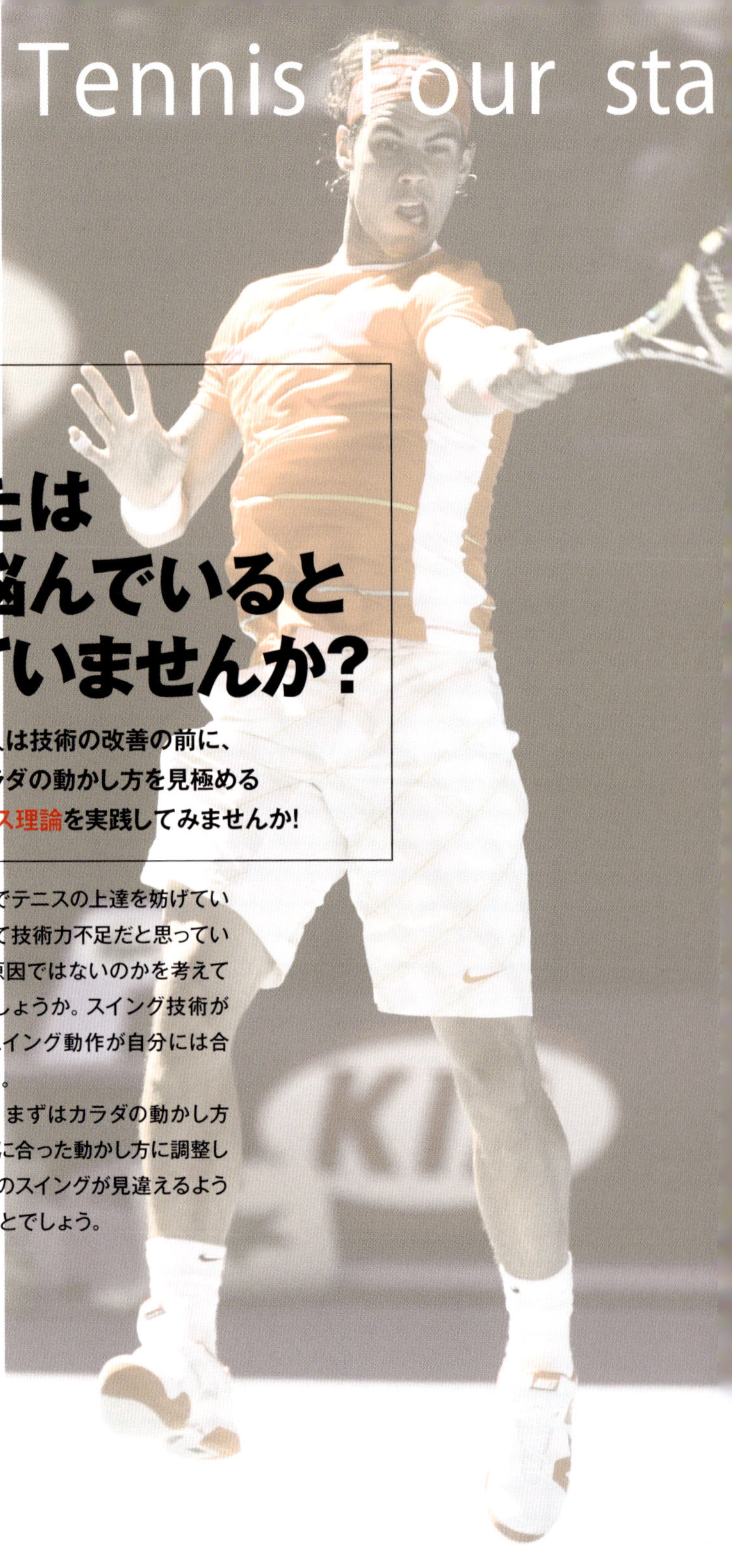

レッシュ4スタンス理論

あなたは伸び悩んでいると感じていませんか?

そう思っている人は技術の改善の前に、
自分に合ったカラダの動かし方を見極める
レッシュ4スタンス理論を実践してみませんか!

皆さんは、今までテニスの上達を妨げているのは、すべて技術力不足だと思っていませんか？　他の原因ではないのかを考えてみるのはいかがでしょうか。スイング技術が悪いのではなく、スイング動作が自分には合わないのかな……と。

伸び悩んだとき、まずはカラダの動かし方を変えてみる、自分に合った動かし方に調整してみることで、自分のスイングが見違えるようにスムースになることでしょう。

nce latest theory

こんな悩みがある人はぜひ実践しよう!

❶ コーチに教えてもらったスイングだとカラダがぎこちなく感じる

❷ いつも安定したショットが打てない!

❸ パワーのあるボールが打てない!

❹ 自分のスイングがいまだつかめない

❺ カラダが疲れやすく疲労感がでる

❻ プレイ後にカラダの特定の部位に痛みがある

自分の身体動作を変えてみよう!

C O N T E N T S

PART 1 4スタンス理論の基礎知識

PART 2 自分はどのタイプ？ 特別メニューで動作をチェック

自分のタイプを知ろう！

スイングの意識を変えてみる

PART 3 テニスの基本＆ストローク

グリップ＆構え

ストローク

PART 4 ボレー

PART 5 サービス&スマッシュ

PART 6 フットワーク

STAFF

Editor エフプラス
Photographer 勝又寛晃
佐藤ひろし
Getty Images
Designer シモサコグラフィック
Illustration 内山弘隆
Cooperation YONEX（ヨネックス）
エストーレホテルアンドテニスクラブ

PART 1

4スタンス理論の基礎知識

4スタンス理論の基礎知識と
カラダの動かし方のポイント、
そして、トップ選手の
スイングチェックを紹介。

自分のカラダを知ろう

これぞ上達の最新理論！正しいカラダの動かし方は4つある

人間のカラダは4タイプに分かれている

本書の監修者である、レッシュ理論提唱者の廣戸聡一は、子供のころに感じていたことがある。それは、1つの競技でも、指導者によっては重要視する基本の部分が違う（つまり世の中には基本がたくさんある）ということや、それに従うことで、今までできていたプレーができなくなったり、逆に別の指導者にあたると、ぜんぜんできなかったプレーが、自然とできるようになったりすることを体感したのだ。

このことを考えてみると、たとえ競技が違っていても、「スポーツには上手くできる基本や注意点は決まってきて、できなくなる基本や注意点というのが共通してくる」ということを実感したと言っていい。

その後、施療の道に進み、施療のなかで患者さんのカラダをつぶさに観ていくことで、カラダの反応や反射の仕方の違いや、可動域や関節の動かし方に相違があるという点に気づき、20万件以上の案件を整合させながら進めていくうちに、人間というのは大きく分けると「4つのタイプに分かれる」ということと、誰もが同じカラダの反応をみせる部分がある

このカラダの使い方で本当に良いのだろうか？　なんかギクシャクしている気が……

ことを発見し、本書の4スタンス理論の基礎が生まれたのだ。

なぜテニスが上達しないのか？ その答えは カラダの動かし方にあった

上達に熱心な人ほど、自分のできない動作や他人の優秀な動作を習得しようと努力する。しかし、正しいカラダの動かし方は、重心の位置により4つに分かれている。

上達に熱心な人は、この4種類の動きすべてを習得しようとしているかもしれない。しかしながら、その人にとって残りの3／4は余分な動きでしかないということが言える。

他の3／4の動きを取り入れることにより、カラダの動きがギクシャクしてしまい、上達が遅れるばかりではなく、下手になってしまうこともある。

上達するための大切な条件としては、一貫した動作がきちんとしたリズムで構成されていることがポイントだ。良いリズムで動けた過程を分析して検証してみると、自分のタイプの動きになっているはずだ。

レッシュ5ポイント理論

カラダの軸を作る重要ポイント。ファイブポイントを知ろう!

首の付け根、みぞおち、股関節、ヒザ、足底を動力線上にそろえる

人間のカラダは、軸を作り常に安定を心がけようとしている。カラダに軸ができることで、体幹を主動させての手足のコントロールやスピード、パワーなどの運動パフォーマンスを最大限に発揮する事が可能になる。

この軸を作るときに重要となるポイントが5つある。それは、首の付け根、みぞおち、股関節、ヒザ、足底である。この5ポイントを垂直にそろえたときが、カラダがもっとも安定する状態と言えるのだ。

ただし、動作中では、5つすべてのポイントをそろえることは難しい。実際は、3つ以上のポイントを動力線上にそろえることで十分に機能を発揮する「3／5理論」。

この5ポイントを軸に、それぞれのタイプ別のスイング動作を確認してみよう。

P1（ポイント1） 首の付け根
頸椎7番と胸椎1番の結合部分
Bタイプの軸の基点であり、
Aタイプの積極的可動部位になる

P1'（ポイント1ダッシュ） 肩
P1のサブとして補助・代用
Bタイプの軸の基点であり、
Aタイプの積極的可動部位になる

P2（ポイント2） みぞおち
胸椎12番と腰椎1番の結合部分
Aタイプの軸の基点であり、
Bタイプの積極的可動部位になる

P2'（ポイント2ダッシュ） ヒジ
P2のサブとして補助・代用
Aタイプの軸の基点であり、
Bタイプの積極的可動部位になる

P3（ポイント3） 股関節
腰椎の延長線上にある骨盤と大腿骨をつなぐ股関節
Bタイプの軸の基点であり、
Aタイプの積極的可動部位になる

P3'（ポイント3ダッシュ） 手首
P3のサブとして補助・代用
Bタイプの軸の基点であり、
Aタイプの積極的可動部位になる

P4（ポイント4） ヒザ
大腿骨と脛骨、および腓骨を結ぶ膝蓋骨
Aタイプの軸の基点であり、
Bタイプの積極的可動部位になる

P5（ポイント5） 足底
カラダと地面を結ぶ足裏
A、Bタイプの軸の基点になる

動作のポイントとなる
カラダの特徴を知ろう

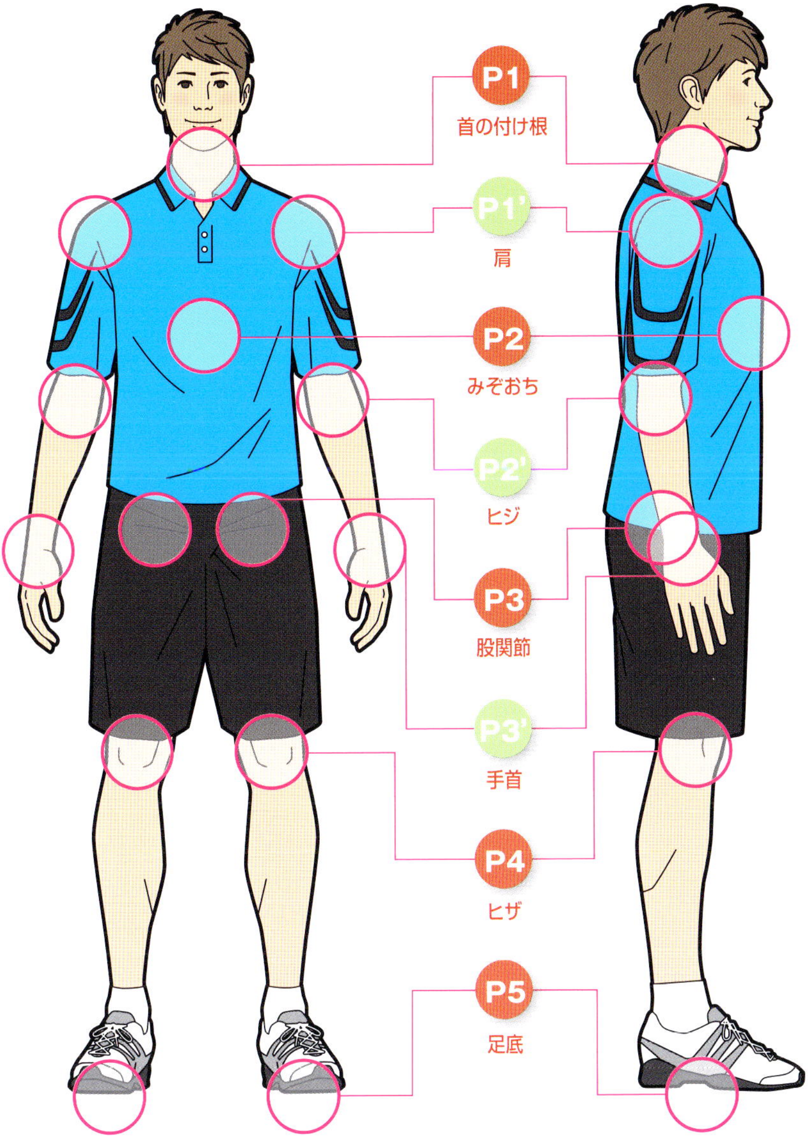

レッシュ
4スタンス
理論

タイプでこんなに違う! 4スタンスのセオリーを知る

自分のタイプの特徴を知ることで上手くなる

カラダの重心が安定するパターンは、大きく4タイプに分類される。これが、本書で紹介している4スタンス理論になる。

両手足の先と両手足の内側を中心にカラダのバランスをとる「A1」タイプ。両手足の先と両手足の外側を中心にバランスをとる「A2」タイプ。両手のひらやカカト部分、両手足の内側を中心にバランスをとる「B1」タイプ。最後に、手のひらやカカト部分の、両手足の外側を中心にバランスをとる「B2」タイプだ。

それぞれが持つ重心のパターンによって、カラダの動かし方（身体連動）のセオリーが違い、その固有のセオリーを利用することにより、自然な身体機能、つまりパフォーマンスの向上につながってくる。

重心のパターンを導き出し、軸を作るためのベースが前項で紹介した「レッシュ5ポイント理論」。そして、その中の「3／5理論」が重要になってくる。

軸を作る際に、そろえるべき3つのポイントは、4スタンスのタイプによって異なる。タイプにあった3ポイントを軸の起点として、残りの2つのポイントを、積極的に可動させることにより、運動の最高のパフォーマンスを得ることができる。この積極的に動かす部位の他にも、胸側と背中側のどちらを意識するのかなど、それぞれのタイプにより異なるので、自分のタイプを知り、カラダの自然な反応をとらえてみよう。

レッシュ4スタンス理論のセオリー

A1

- 軸の基点…………P2･P4･P5
- 積極的可動部位…P1･P3
- 意識の基点………胸側に置く
- 運動軸の動き……クロス
- 出力の方向性……上昇

A2

- 軸の基点…………P2･P4･P5
- 積極的可動部位…P1･P3
- 意識の基点………背中側に置く
- 運動軸の動き……パラレル
- 出力の方向性……上昇

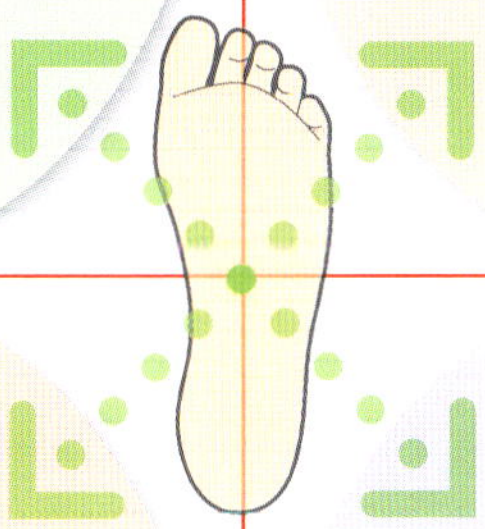

B1

- 軸の基点…………P1･P3･P5
- 積極的可動部位…P2･P4
- 意識の基点………背中側に置く
- 運動軸の動き……パラレル
- 出力の方向性……下降

B2

- 軸の基点…………P1･P3･P5
- 積極的可動部位…P2･P4
- 意識の基点………胸側に置く
- 運動軸の動き……クロス
- 出力の方向性……下降

Aタイプ（つま先型）
Bタイプ（カカト型）

1タイプ（閉じ）
2タイプ（開き）

クロス
パラレル

タイプ別カラダの動きの特徴❶

A.Bタイプでは運動の基点となる運動軸を作る位置が違う

スピーディでパワフルなパフォーマンスを生むためには、自分のタイプにあった運動軸の作り方がカギになる。一流テニスプレイヤーの一連のスイング動作は、この運動軸を中心に組み立てられている。

運動軸は5ポイント「Ｐ１：首の付け根・Ｐ２：みぞおち・Ｐ３：股関節・Ｐ４：ヒザ・Ｐ５：足底」（p10参照）のうち3つのポイントを直線上にそろえることで作られる。この3つのポイントのそろえ方がAタイプとBタイプでは異なるのだ。

力を出したい、進みたい、もしくは打球したい方向に対して、前サイドに「Ｐ２：みぞおち・Ｐ４：ヒザ・Ｐ５：足底」で運動軸を作るのがＡタイプ。逆に、後ろサイドに「Ｐ１：首の付け根・Ｐ３：股関節・Ｐ５：足底」で運動軸を作るのがBタイプになる。

そして、Ａタイプは「Ｐ１：首の付け根・Ｐ３：股関節」を、Ｂタイプは「Ｐ２：みぞおち・Ｐ４：ヒザ」を積極的に動かすことで高いパフォーマンスを発揮できる。

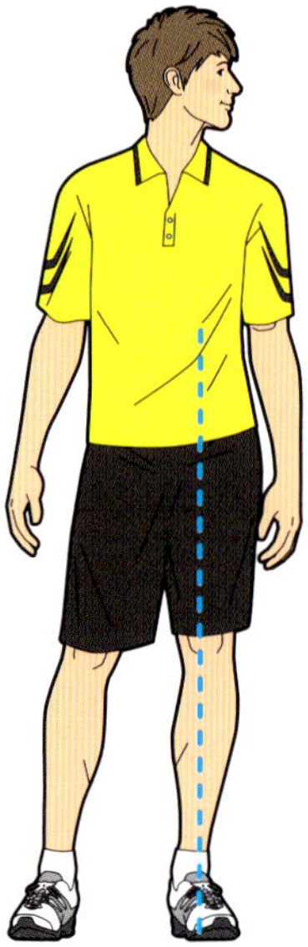

A Type みぞおちとヒザ、足底を結んだ線上に軸を作るのがこのAタイプだ

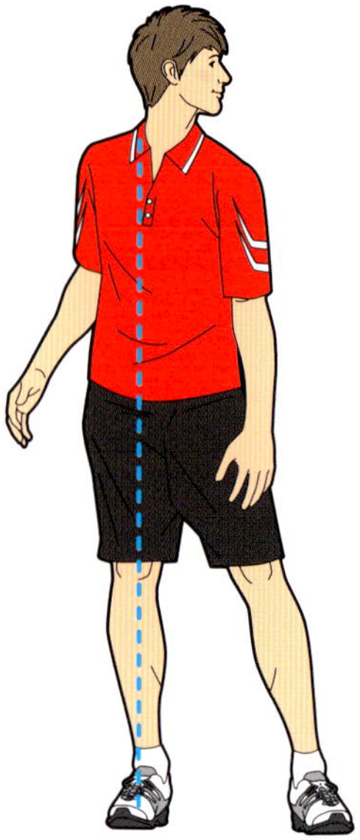

B Type 首の付け根と股関節、足底を結んだ線上に軸を作るのがこのBタイプだ

タイプ別カラダの動きの特徴❷

クロスタイプとパラレルタイプでは運動軸の可動の仕方が違う

運動軸の可動の仕方は、A1・B2タイプ（クロスタイプ）と、A2・B1タイプ（パラレルタイプ）で変わってくる。

A1・B2タイプは、カラダの動きを腹筋群で主導し、運動軸を左右方向（横方向）へシフトすることでスムースな動きを引き出す。

これに対して、A2・B1タイプは、カラダの動きを背筋群で主導し、運動軸を前後にスピン（入れ替え）することでスムースな動きを引き出す。

運動軸を左右方向へシフトしてスイングしていくのか、前後にスピンしてスイングしていくのかは、憧れのプレイヤーや技術論の選択によってするのではなく、カラダのタイプによってコントロールされるものだということを理解していただきたい。

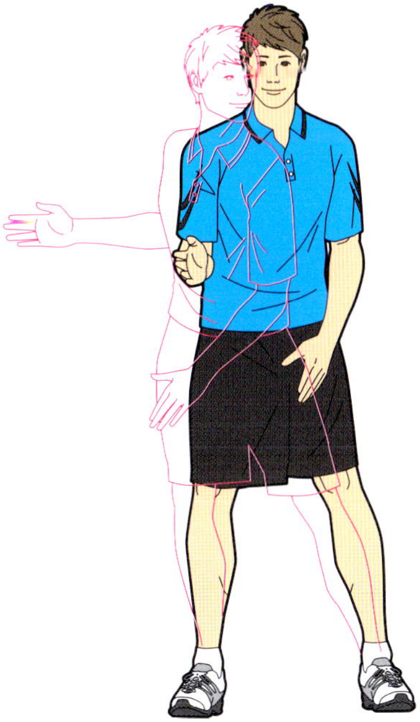

A1·B2 Type クロスタイプ

運動軸を左右の方向に移動させるのがクロスタイプの特徴

A2·B1 Type パラレルタイプ

運動軸を前後に入れ替えて運動するのがパラレルタイプの特徴

タイプ別カラダの動きの特徴③

A.Bタイプで、軸を動かす際の体幹（胴体部分）のねじれ方が違う

軸を可動させていくと体幹部はねじれていく。このねじれ方はそれぞれのタイプによって決まっており、自分のタイプ以外のねじれ方はできない。自分のタイプの体幹部のねじれ方を理解して、その動きを妨げないようにすることがスムースな動きのためのポイントになる。

Aタイプは、みぞおちを頂点とした肋骨下辺部の曲線に沿うように体幹部が動く。

これに対して、Bタイプは地面に対して水平に体幹部が動く。

Aタイプのプレイヤーは、振り子のような曲線をイメージしながら体幹を初動させると無理のないスイングになる。Bタイプのプレイヤーは、ベルトラインと水平な直線をイメージしながら体幹を初動させると安定したスイングになる。

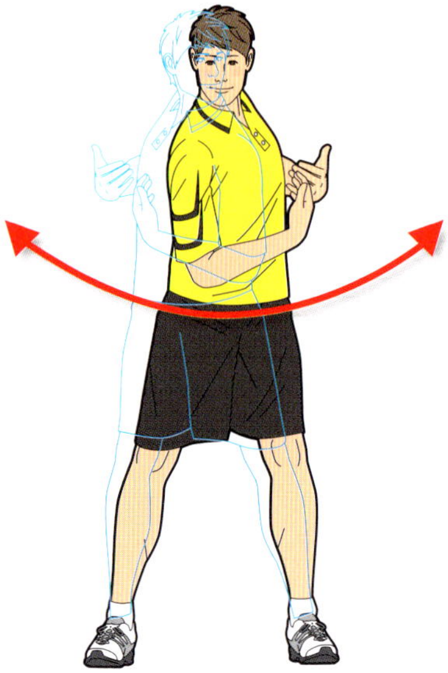

A Type 肋骨の下辺部の曲線に合わせ、振り子のような曲線をイメージしながら動かす

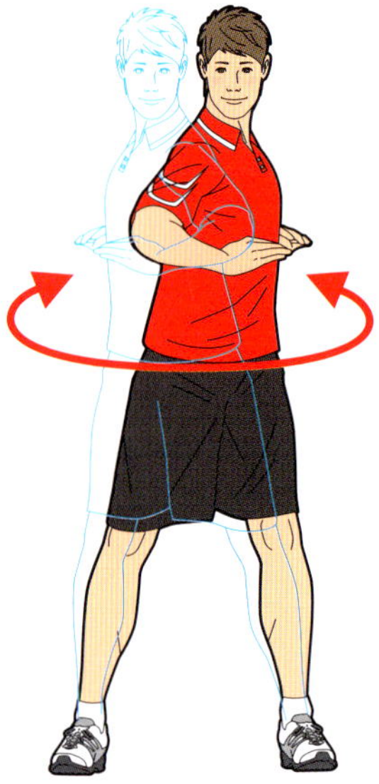

B Type 体幹部をベルトのラインと水平に動かすイメージで動かしていく

タイプ別カラダの動きの特徴❹

ボールのインパクトの発生のさせ方がA.Bで違う

インパクトは筋肉で演出するものではない。また、意図的にインパクトを作ることもできない。カラダ全体の動きから自然発生してくるものだ。このインパクトを発生させる方法も、AタイプとBタイプで違ってくる。

Aタイプは、インパクトを迎える瞬間にカラダを上昇させていくことで強いパワーを得ることができ、手足に強い力を発生させることができる。

Bタイプは、地面に対して強い圧力をかけるようにカラダを下降させていくことで強いパワーを得ることができ、手足に強い力を発生させることができる。

フォームがどんなに美しくても、このインパクトを発生させる動きを間違えるとインパクトは弱々しいものになってしまう。Aタイプは上昇、Bタイプは下降という鉄則を忘れないようにしたい。

A Type カラダを上昇させながらのスイングが、強いインパクトを生む

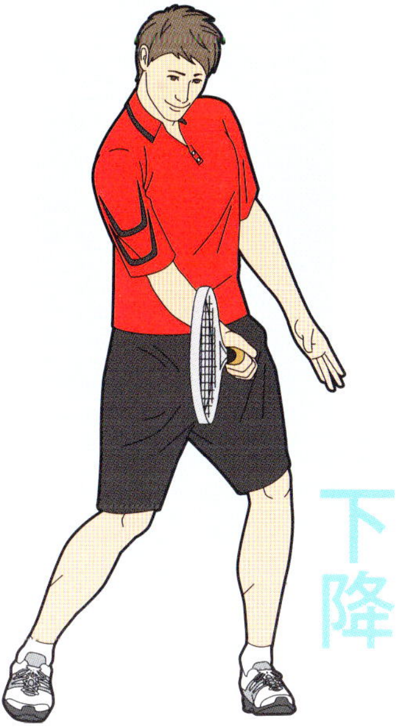

B Type カラダを下降させながらのスイングが、強烈なインパクトを生みだす

A.Bタイプでは スイングで 主導させる手足が違う

動作の基本は体幹主導が鉄則だ。まず、体幹が動き、それに連動して腕から手首といったようにカラダの末端が動いていくことで、正確で安定したスイングが生まれる。AタイプBタイプによる軸の作り方によって、この主導させる手足も違ってくるのだ。

力を出したい、進みたい、もしくは打ちたい方向に対して前サイドに軸を作っていくAタイプは、打球方向に対して前側になる手がメインとなってスイングをコントロールしていく。

これに対して後ろサイドに軸を作っていくBタイプは、打球方向に対して後ろ側になる手をメインにしてスイングをコントロールしていくという違いがある。

A Type 前サイドに軸を作るため、前側にある手がメインとなりスイングをしていく

B Type 後ろサイドに軸を作るため、後ろ側になる手でスイングをコントロール

タイプ別カラダの動きの特徴❻

ラケットを握るグリップなど末端（手足）の使い方がAとBで違う

タイプの違いは、カラダとラケットをつなぐグリップの握り方にも関係してくる。

テニスでは、ショットによって握りの厚い、薄いがあるが、体幹によって発生させたパワーをラケットに効率良く伝えるためには、Aタイプは、ラケットを指先からホールドするように握る。逆にBタイプは、ラケットを手のひらでホールドするように握るのがベースだ。

握り方一つで、スイングは大きく変わってくる。

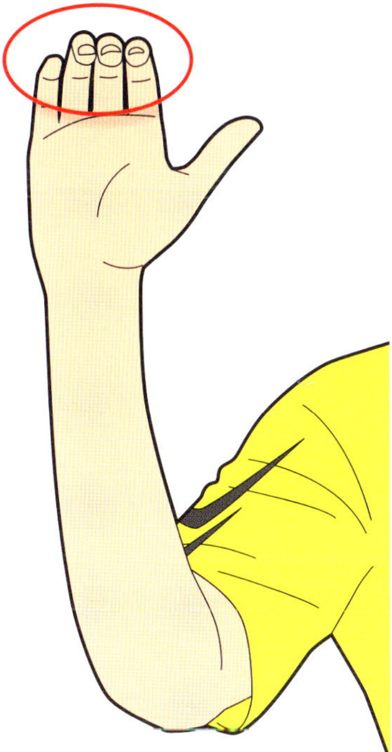

A Type Aタイプは指先から握っていく

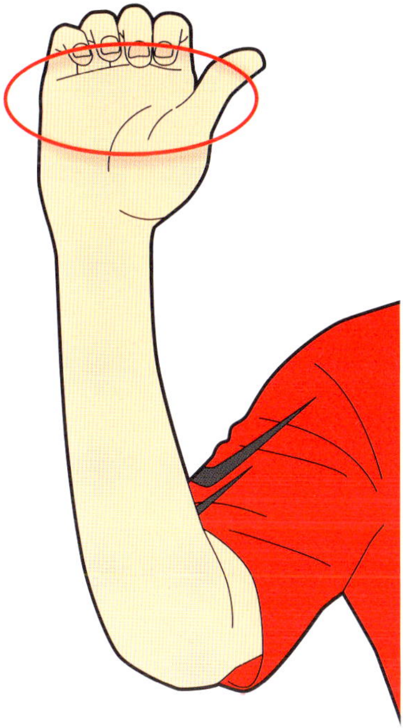

B Type Bタイプは手のひらで握っていくイメージ

積極的に可動させる部位のタイプ別の違い

同じA・Bタイプでもクロスタイプとパラレルタイプでは積極的に可動させる部位が違う

A1

運動部位・両肩
肩を柔らかい状態にしておくことで、主動部位である股関節の動きによって動かされる

主動部位・股関節
横軸で動くクロスタイプは２本の足（２軸）を主に動かすことで、軸を作っていく。Ａ１タイプは股関節を積極的に動かすことで体幹運動が実現する

A2

主動部位・両肩
軸のスピン運動で動くパラレルタイプは、背骨を中心として（１軸）動かすことで、軸を作っていく。Ａ２タイプは両肩を積極的に動かすことで体幹運動が実現する

運動部位・股関節
主動部位の両肩のエクステンションによって、下半身が巻き取られ運動軸が形成される

各タイプにあった3つのポイントを軸の基点として、残りの2つのポイントを積極的に可動させることにより、良いパフォーマンスを得ることができる。Aタイプの積極的に可動させる部位は、P1'（肩）とP3（股関節）になり、Bタイプの積極的に可動させる部位は、P2（みぞおち）とP4（ヒザ）になるが、同じA・Bタイプでもクロスタイプとパラレルタイプで、主に動かす部位と連動して動かされる部位が変わってくる。

B1

主動部位・みぞおち

軸のスピン運動で動くパラレルタイプは、背骨を中心として動かす（1軸）ことで、軸を作っていく。イメージ的には、肋骨下辺部分の出し入れと、両ヒジの出し入れをすることで体幹運動が実現する

連動部位・ヒザ

肋骨下辺部分の出し入れと両ヒジの出し入れをすることで、ヒザが動いても良いという範囲の中で動く。そのため、スイングが手打ちに見えやすくなる

B2

連動部位・みぞおち

胸を張らないで懐を深くとりヒジを緩めておくことで、主動部位であるヒザの動きによって動かされる

主動部位・ヒザ

横軸で動くクロスタイプは2本の足（2軸）を主に動かすことで、軸を作っていく。B2タイプはヒザを積極的に動かすことで体幹運動が実現する

A1 トッププレイヤーのスイング解析!

フェルナンド・ベルダスコのフォアハンド①

正面連続写真

RICHARD
GASQUET
FERNANDO
右ヒジを中心にしてカラダが引き寄せられるようにして、体幹の面が切り替わりインパクトしている
肩の内側へのローテションとともに、腕がひとかたまりとなってボールの打球方向に振り出される

Aタイプの基点である右ヒザの安定がパワフルなスイングを実現させている

ボールの飛球ラインに対して斜めにポジショニングし、左右のヒザを基点にして足底、みぞおちを結ぶラインが一直線に並び、運動軸が交差している

左ヒザとみぞおちを結ぶラインを引き伸ばし、体幹主動でスイングを開始

A1 トッププレイヤーのスイング解析!

フェルナンド・ベルダスコのフォアハンド②

正面連続写真

前側のヒザとみぞおちでつくった軸にボールを上手く呼び込み、引き腕である右腕のヒジを中心にスイングしている

インパクト後は体重・重心が前足に移り、後ろ足は前足に引き寄せられる。前足の着地と同時にカラダが入れ替わるクロスタイプの動きが出ている

上腕は内側にローテーション・前腕はローテーションしないのがA1独特の腕の使い方

ヒジとみぞおちを同じポジションにするイメージで素早くラケットセットし、ボールの飛球ラインに対して斜めに入っている

カラダの前足の前（前軸）でボールをインパクト。肩から腕がひとかたまりになってスイングされているが、この時上腕は内側にローテーションしているが、前腕はローテーションしていないのがA1独特の腕の使い方

A2 トッププレイヤーのスイング解析!

ラファエル・ナダルのフォアハンド①

正面連続写真

ボールの飛球ラインに対してカラダがスクエアに入っていて、体重は後ろ足にあるが、カラダの軸は前足につくられている

右サイドの引き伸ばしによりスイングを開始している。両手首の背屈はパラレルタイプの特徴的なところだ

ナダルが繰り出す パワフルなインパクトは カラダの上昇によって 生まれる

空中で前ヒザを基点にして、体幹の面の入れ替えでインパクトしている

右ヒジが体側に引かれることでカラダの安定を生み、ラケットは鋭く振り切られている

A2 トッププレイヤーのスイング解析!

ラファエル・ナダルのフォアハンド②

上方連続写真

背骨を中心に右サイドの引き伸ばしによってスイングしている。両手首は一連のスイング中、背屈しているのがパラレルタイプだ

右ヒジが体側に引きつけられ、左腕は鋭く振り出される。みぞおちの裏を基点に鋭くカラダの入れ替えが行われていることがわかる

背骨を中心にブレのない回転運動が爆発的なショットを可能にする

ボールの飛球ラインに対してスクエアに入っている。背骨を中心にカラダが入れ替わることでテイクバックが完了している

この時、前足は浮いているが、前ヒザを基点にしてカラダの入れ替えでボールを捉えている。インパクトの位置は前足の前になっている

B1 トッププレイヤーのスイング解析!

ファンマルティン・デルポトロのフォアハンド①

横連続写真

ボールの飛球ラインに対してカラダがスクエアに入っている。左サイドの圧縮で、後ろサイドに軸ができている
カカトからつま先の踏み返しでスイングを開始。左ヒジの後方への引き寄せが、背骨を中心としたカラダの入れ替えをサポートしている

テイクバックからカラダが90度入れ替わるのが特徴的なB1のスイング

ワキが閉まり、後ろ軸の前でインパクト。テイクバックの時点からカラダが90度入れ替わるのが、B1のスイングの特徴だ

左腕はワキが締まることでヒジがカラダの後ろ側に引かれ、それとともに右サイドがさらに押し込まれる。ヒジがパスすることで前腕からラケットのローテーションを作っている

B1 トッププレイヤーのスイング解析!

フアンマルティン・デルポトロのフォアハンド②

斜め連続写真

後ろ足を軸に左ヒジを後方に引くことでカラダを入れ替えスイングを開始している。左ヒジの運動量が多いのが、B1タイプであるデルポトロの特徴だ

一連のスイングの中で頭が垂直に立っているのは、背骨を軸としたスピン運動でカラダを入れ替えている証拠だ

左ヒジの運動量の多さがカラダの入れ替えをサポートしている

左サイドを圧縮して、素早くカラダを入れ替えテイクバックを完了している。ボールに対してスクエアに入り、ボールを呼び込んでいるのがわかる

軸足のところまでボールを呼び込みインパクトしている。4タイプの中でも、カラダの前後への入れ替えがもっとも大きい

B2 トップブレイヤーのスイング解析!

ロジャー・フェデラーのフォアハンド①

横連続写真

左ワキの下と右の股関節を結ぶラインの圧縮によって、後ろに軸を作りテイクバックが完了している。ボールの飛球ラインに対して斜めに入っているのが見てとれる

左ヒジを空中に留めるようにすることで、みぞおちが腕の方によっていくように、右サイドがさらに送り込まれインパクトしている

後ろ足の強い踏みつけによる後軸の送り込みがスイングのキモになっている

右足の着地と同時に後ろ足の踏みつけにより、右サイドが送り出されスイングが開始される

自分のカラダの前に常に腕があるという印象があるのが、フェデラーを代表とするＢ２タイプの特徴だ

B2 トッププレイヤーのスイング解析!

ロジャー・フェデラーのバックハンドボレー

横連続写真

一連の動きの中で、懐にゆとりを作っているのが一流と言われる所以。B２タイプは懐のゆとりが生命線と言える

左手に意識を持ちカラダの開きを抑えてボールをインパクト。この時、首が後ろにやや傾くのは横方向へ軸が移動した証だ

懐のゆとりが正確なインパクトを作り出す

左の股関節上の軸線の位置でグリップを開放することで、安定したタメを作り出している

足底と股関節、首のつけ根を結んだ運動軸を、後ろ足の押し込みによって横方向へ移動している

COLUMN ①

あの名プレイヤーはどのタイプ？

アンドレ・アガシ

1970年4月29日生まれ。
右利き。身長180cm、体重 80kg
アメリカ出身名プレイヤー。世界一のリターナーと言われる強力なリターンを最大の武器にした。ATPツアーでシングルス60勝、ダブルス1勝を挙げた。4大大会を選手生活中にすべて制覇する「キャリア・グランドスラム」を達成した数少ない一人。

Andre
Agassi

A2

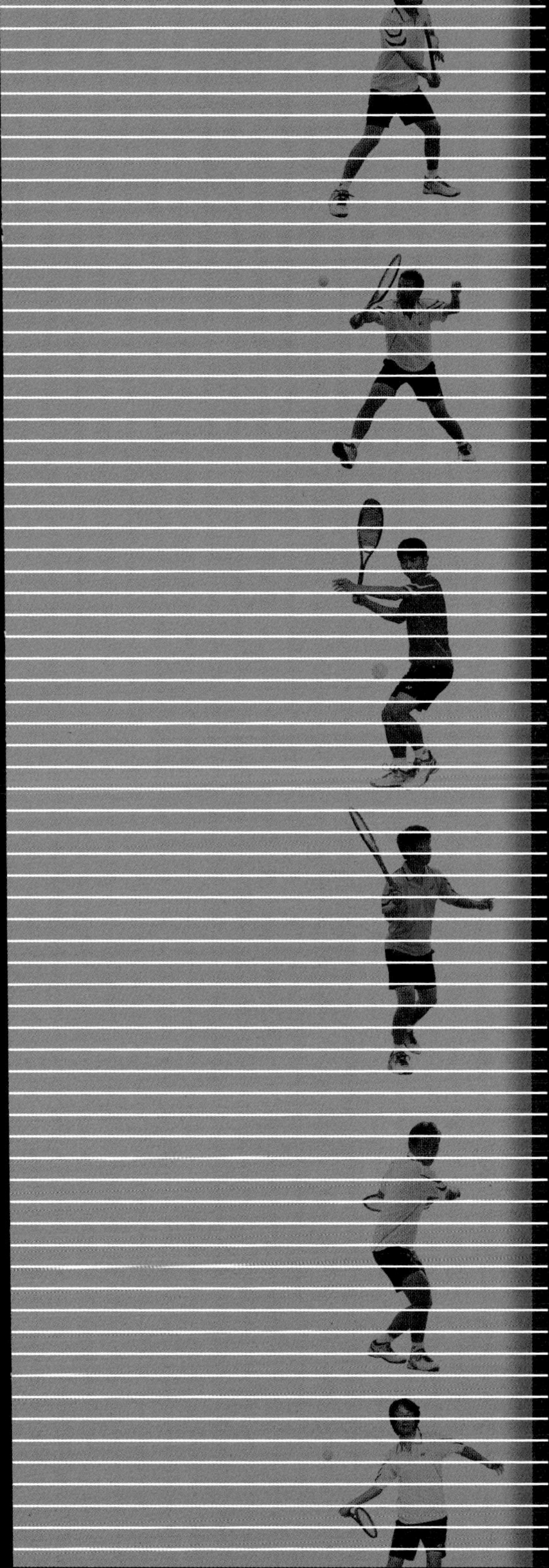

PART 2

自分はどのタイプ？特別メニューで動作をチェック

4つのどのタイプかを自己判別。
ボールやラケットを
使った特別メニューで
自分のタイプを知ろう。

自分のタイプを知ろう!

キミは"A"タイプ? それとも"B"タイプ?

ラケットでのボールつき

ラケットを動かすときの基点となる部位がAとBでは異なる。

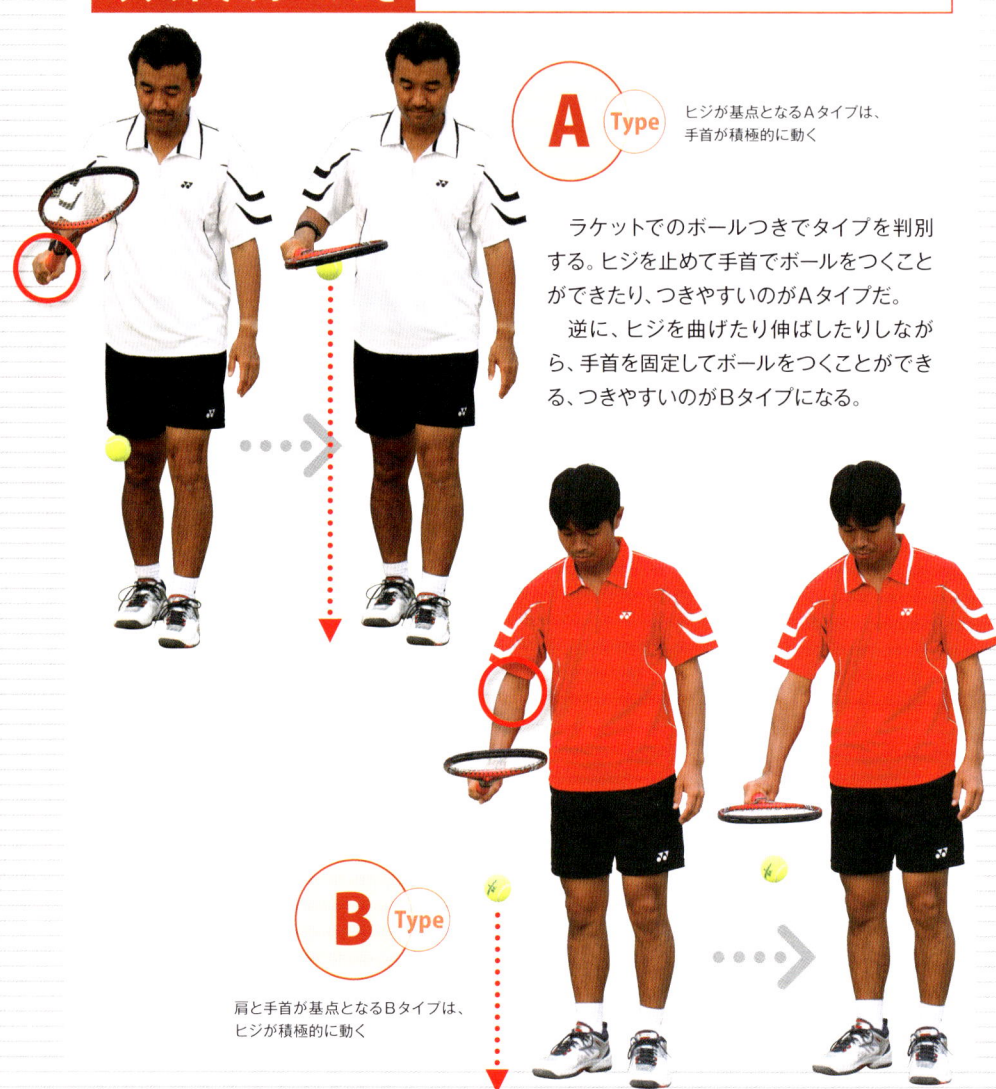

A Type

ヒジが基点となるAタイプは、
手首が積極的に動く

ラケットでのボールつきでタイプを判別する。ヒジを止めて手首でボールをつくことができたり、つきやすいのがAタイプだ。

逆に、ヒジを曲げたり伸ばしたりしながら、手首を固定してボールをつくことができる、つきやすいのがBタイプになる。

B Type

肩と手首が基点となるBタイプは、
ヒジが積極的に動く

手を使ってボールをつく

腕を動かすときの基点となる部位がAとBでは異なる。

A Type

Aタイプは基点がヒジなので、積極的に手首が動く

ボールを構えたところからトスアップの前に行うボールつきでタイプを判別する。

手首のスナップを使ってボールをつける、つきやすいのがAタイプ。この時、スナップ後に手が上昇するような動きになる。

逆に、ボールを構えたところから地面に押し込んでボールをつく、つきやすいのがBタイプ。このとき、ヒジが曲がったり伸びたりする動きになる。

B Type

Bタイプは肩と手首が基点となるので、積極的にヒジが動く

フリスビーを投げる

体幹を使いながらサイドスローでフリスビーを投げる。

A Type

Aタイプは伸び上がりながら
投げたほうが投げやすい

フリスビーを使い、力の発生の仕方でA、Bを判別する。

足の踏みつけでカラダが上昇するようなイメージで、伸び上がりながらフリスビーを投げた方が投げやすいのがAタイプ。

逆に、リリースのイメージを下に踏み込んで、カラダを沈みこませるようにしてフリスビーを投げた方が投げやすいのがBタイプになる。

B Type

Bタイプは沈みながら投げたほうが投げやすい

肩と首の連動で判別

首の付け根にテニスボールを置き、首と肩ではさむ。

よく、携帯電話を肩と首ではさんで話している人を見たことがあるだろう。ちょっとした日常の動きにも、AタイプとBタイプではカラダを動かす順番が異なり、ホールド感も変わってくる。

首の付け根にテニスボールを置いてはさむのに、Aタイプは肩を上げてから頭を倒した方がボールをホールドしやすい。

逆にBタイプは、頭を倒してから肩を上げた方がホールドしやすい。

A Type 肩にボールを置いたら、肩を上げてから頭ではさむほうがしっかりボールをつかめる

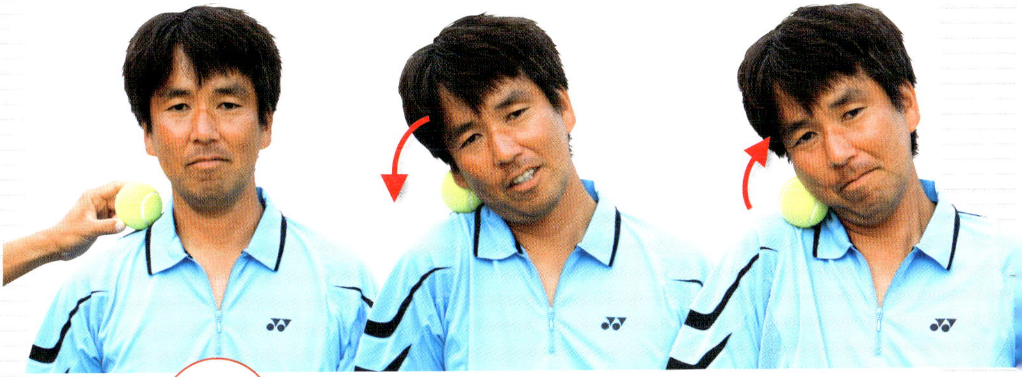

B Type 肩にボールを置き、頭をトげてから肩を上げてはさむほうが、ボールをつかむことができる

12

自分のタイプを知ろう!

キミは“1”タイプ? それとも“2”タイプ?

イスの立ち上がり方

イスから立ちが上がるとき、足の初動の方向によって立ち上がりやすさが違う。

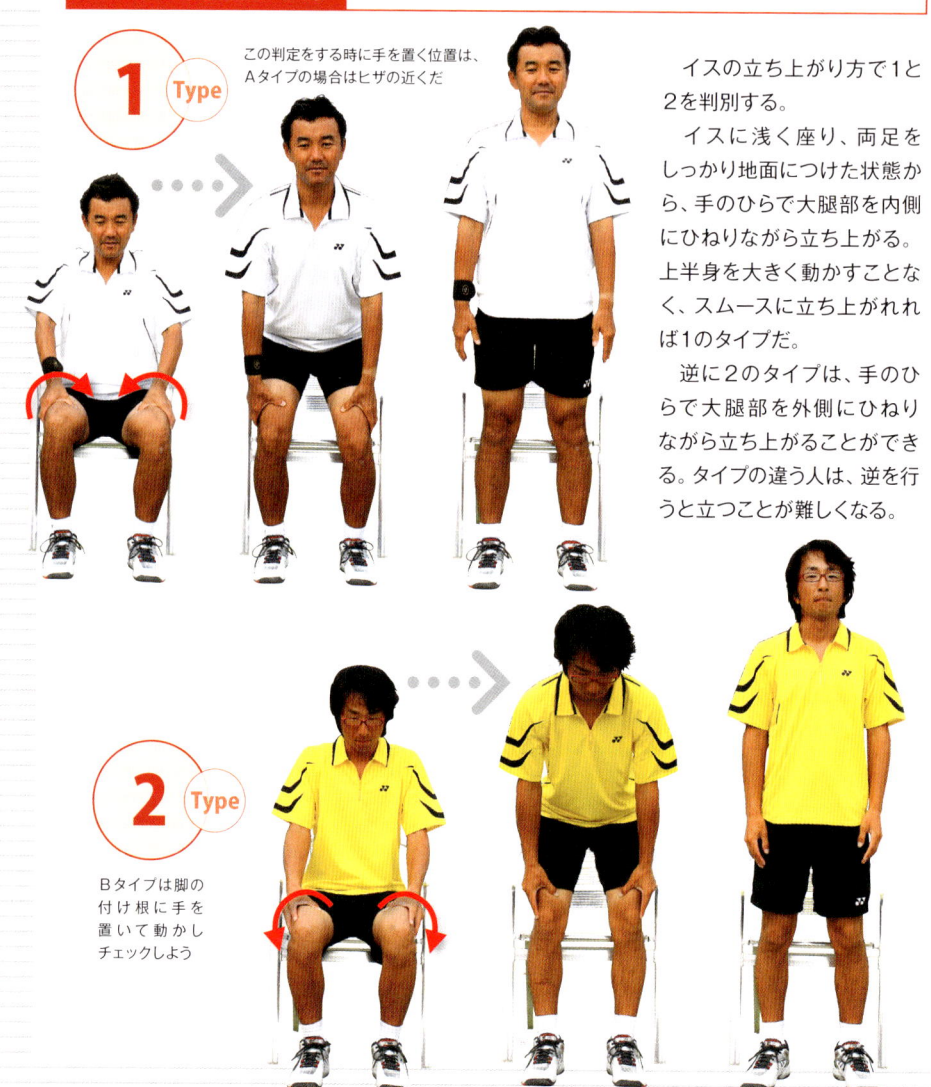

1 Type

この判定をする時に手を置く位置は、
Aタイプの場合はヒザの近くだ

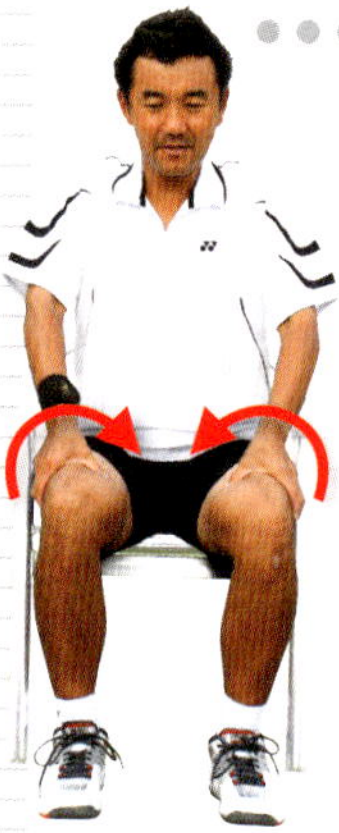

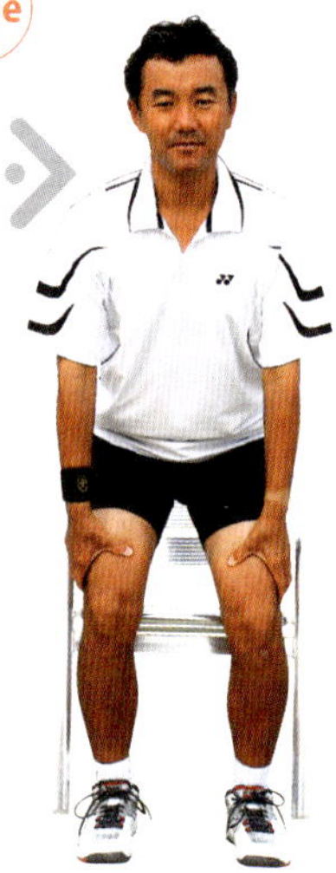

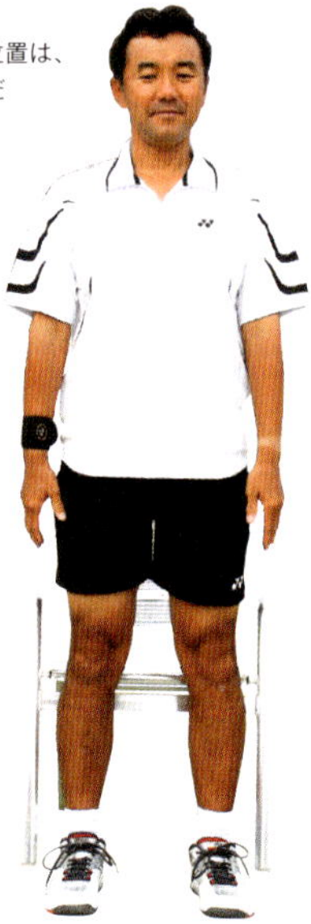

イスの立ち上がり方で1と2を判別する。

イスに浅く座り、両足をしっかり地面につけた状態から、手のひらで大腿部を内側にひねりながら立ち上がる。上半身を大きく動かすことなく、スムースに立ち上がれれば1のタイプだ。

逆に2のタイプは、手のひらで大腿部を外側にひねりながら立ち上がることができる。タイプの違う人は、逆を行うと立つことが難しくなる。

2 Type

Bタイプは脚の
付け根に手を
置いて動かし
チェックしよう

肩の可動域で判別

肩の可動や腕をコントロールできる握り方も1と2で異なる。

イスに浅く座り、両足をしっかり地面についた状態から、親指、人差し指、中指でボールを持ち、ヒジを真っすぐに伸ばす。肩の高さを保ちながらゆっくり広げてゆき、自然に止まった位置が広ければ1タイプだ。
（注：補助の人は肩甲骨の周りの肋骨を動かないように固定する）

逆に2タイプは、親指、薬指、中指でボールを持ち、ヒジを真っすぐに伸ばし、ゆっくり広げてゆき自然に止まった位置が広くなる。

ラケットの握り方にも関わるポイントなので一連の動きでゆっくり動かしてチェックしよう。

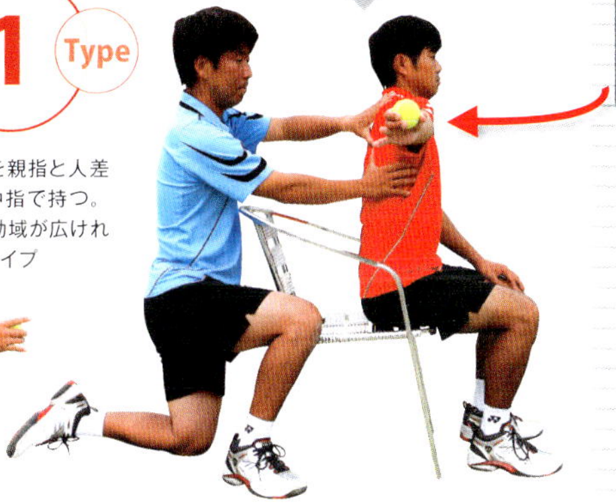

1 Type

ボールを親指と人差し指、中指で持つ。肩の可動域が広ければ1のタイプ

2 Type

2のタイプは、親指と薬指、中指でボールを持つと、肩の可動域が広くなる

自分のタイプを知ろう!

キミは“クロス”タイプ?
それとも“パラレル”タイプ?

立っている状態からの足上げ

体幹の動きはクロスタイプとパラレルタイプでは異なる。

肩の高さで伸ばした腕の指先にむかって足を振り上げる。伸ばした腕と反対側の足を振り上げたほうが、カラダが安定してスムースに高く上がるのがクロスタイプ。

伸ばした腕と同じ側の足を振り上げたほうが、カラダが安定してスムースに高く上がるのがパラレルタイプ。

クロスType

左右対角の上半身と下半身を連動させ、カラダをひねるような動作になるのがクロスタイプ

NG

NG

左右同側の上半身と下半身を連動させ、カラダが平行に動くのがパラレルタイプだ

パラレルType

手押しでのバランスどり

直立した姿勢で正面押しをすると、立ち方の違いでバランスが決まる。

力を出すときは、クロスタイプはカラダの前面（腹筋群）で出し、パラレルタイプは後面（背筋群）を意識して動かしている。この違いが正面から押す姿勢にタイプの違いを生みだす。

両足を1cmほど前後に開いたカタチで直立し、手を合わせ押し合う。この時カラダの動作が安定する、力が入りやすいのがクロスタイプ。

逆に、両足をそろえたカタチで直立し正面押しをした時、カラダの動作が安定する、力が入りやすいのがパラレルタイプになる。

クロスType

足に前後さをつけて立ち、カラダのバランスが安定するのがクロスタイプ

パラレルType

パラレルタイプは、足を平行にそろえて立ったほうが力が入りやすい

ラケットにテープを貼り意識しながらスイングする

自分のタイプ判別が分かったら、ラケットの意識する所を変えてスイングしてみよう。

A Type

Aタイプの人はラケットの上部にテープを貼る。この部分を意識してスイングするとスムースにラケットが振れる人は自分の重心位置を察しながら動くのだが、使っている道具の重心位置も頭の中で感じとり留意しながらコントロールしようとする。そこで、道具を扱うスポーツには道具の重心ポイントと自分との相性がでてくる。

ラケットをなめらかに動かすために、重心位置の相性が合わないものを使うと、その重心位置を上手くコントロールしようとするために、自分の重心位置を犠牲にしながら動こうとする現象が起きてしまう。

本来なら重心位置の相性が良いラケットを使用するのがベストだが、意識の置き所によってなめらかなスイングを実現することができるのでぜひとも実験してみてほしい。

ただ、実践では無意識にプレーすることが必須なので、相性の良いラケットを使用することをオススメする。

B Type

Bタイプと判別した人は、ラケットの下の部分にテープを貼ってみる。ここを意識しながらスイングすることで安定した振りになる

COLUMN ②

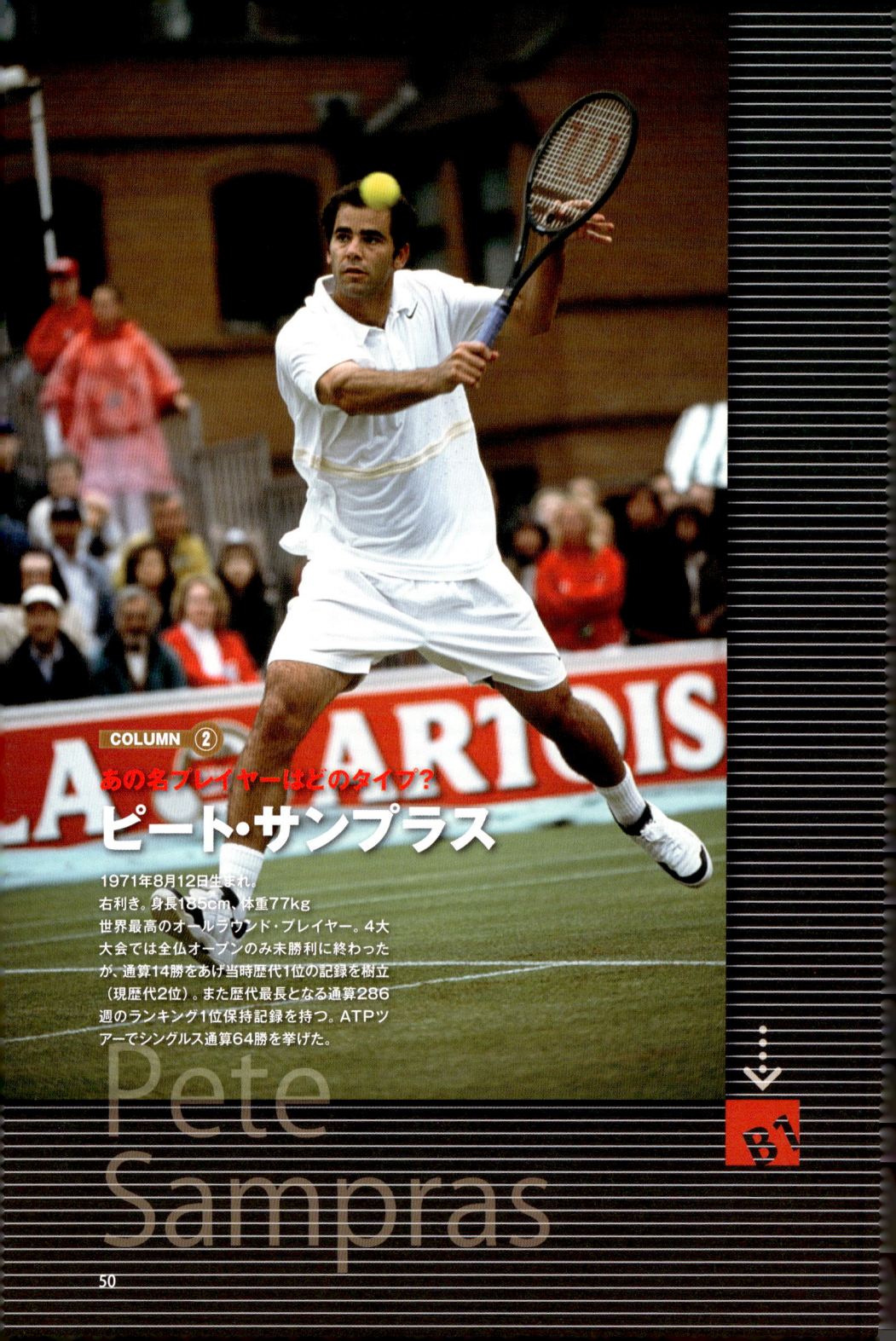

あの名プレイヤーはどのタイプ？

ピート・サンプラス

1971年8月12日生まれ。
右利き。身長185cm、体重77kg
世界最高のオールラウンド・プレイヤー。4大大会では全仏オープンのみ未勝利に終わったが、通算14勝をあげ当時歴代1位の記録を樹立（現歴代2位）。また歴代最長となる通算286週のランキング1位保持記録を持つ。ATPツアーでシングルス通算64勝を挙げた。

Pete Sampras

B1

PART 3

テニスの基本&ストローク

グリップや構えの基本技術とストロークを4タイプ別に紹介。4つそれぞれのスイングの特徴を身につけよう。

A1

安定したショットは、握り方と構えにカギがある!

グリップ&構え

グリップを上下から押さえ込むイメージだ

check point

とくに人指し指に
意識を置き、
巻き取るように
しよう

人指し指と中指をメインにしたフィンガーグリップが基本

指先側にラケットをセットして、人指し指と中指の指先を下から当て、親指とともに巻きつけるのがA1のグリップ。このとき、中指から手のひらの正中線に対して斜めになるように巻きつける。その後、薬指と小指を巻き込んでグリップとの密着度を増す。

みぞおちが安定するイメージを持ち、常に体幹をボールに向ける

みぞおちとヒザ、足底を結ぶラインを地面に対して垂直にする

A1は、みぞおち・ヒザ・足底を結ぶラインが、地面に対して垂直になるように立つ。足幅は、肋骨が両足の内側に入る広さにし、股関節からヒザにかけて閉まっていくイメージを持とう。腕は、肩からヒジにかけて閉めるように。結果として、体幹の中にヒジが入るカタチの構えになる。

check point

ラケットはカラダの正中線に対してクロスに構えよう

A2

安定したショットは、握り方と構えにカギがある!

グリップ&構え

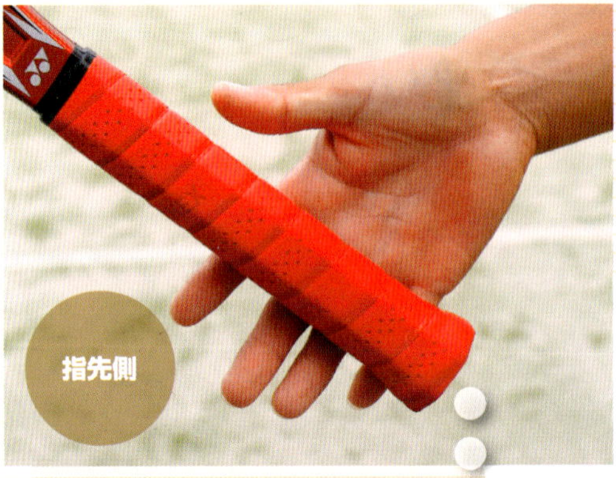

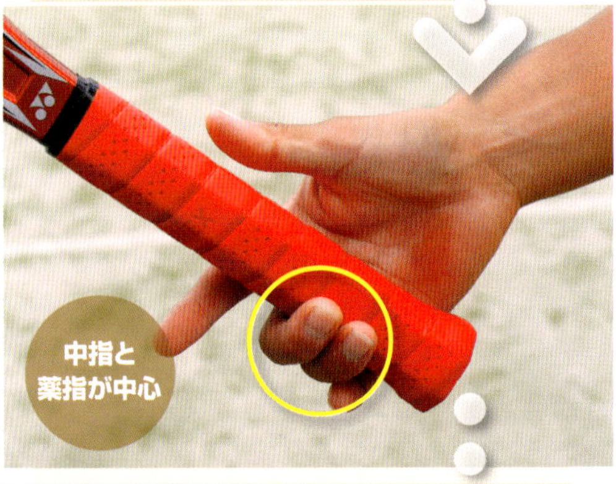

グリップを上下から
押さえ込むイメージ

check point

**とくに
薬指に意識を置き
巻き取るようにすると
密着度が増す**

A2タイプは
中指と薬指を中心とした
フィンガーグリップ

A2タイプも、A1と同じで指先側にラケットをセット。そこから中指と薬指の指先を下から当て、親指とともに巻きつけていく。中指から手のひらの正中線に対して直角に交差するように巻きつけるのがポイントだ。その後、人指し指、小指を巻き込んでグリップとの密着度を増していく。

常に体幹をボールに向け、みぞおちの裏を安定させるイメージを持とう

check point

ラケットはカラダの正中線上のラインに収まるように構える

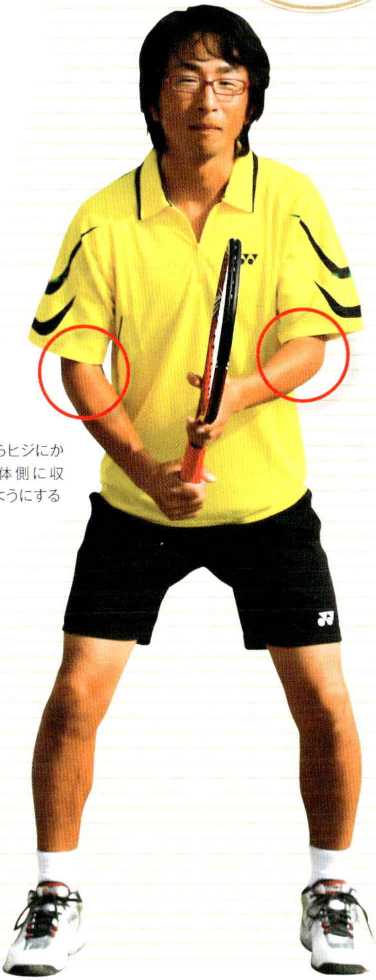

肩からヒジにかけて体側に収まるようにする

みぞおち裏とヒザ裏、足底を結ぶラインを地面に対して垂直にする

A2タイプの構えは、みぞおち裏とヒザ裏、足底を結ぶラインが、地面に対して垂直になるように立つ。足幅は肋骨の両側が、両足のヒザに合う広さにし、股関節からヒザにかけて開く感じで、足の両サイドにカベを作るイメージ。腕は、肩からヒジにかけて体側に収まるように。ヒジの位置はみぞおちの高さになる。

B1

安定したショットは、握り方と構えにカギがある!

グリップ&構え

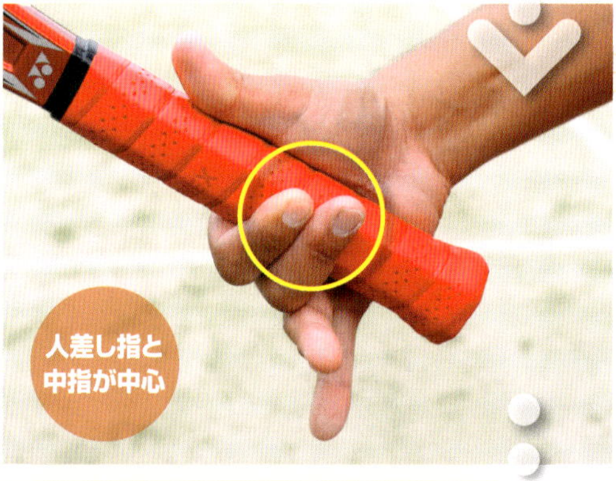

check
point

とくに人指し指に
意識を置き、
巻き取るように
する

人指し指と中指を メインにしたパームグリップ

Bタイプは A タイプと違い、手のひら側にラケットをセットして、人指し指と中指の手のひらに近い部分を横から当て親指とともに巻きつけるように握る。このとき、中指から手のひらの正中線に対して、直角に交差するように巻く。その後、薬指と小指を巻き込んでグリップとの密着度を増していく。

B1タイプは、グリップを左右からつかむイメージだ

首の付け根の裏を安定させるようにして、カラダをボール方向に向けよう

check point

ラケットはカラダの正中線上のラインに収まるように構えるのがB1タイプの特徴

正面から見たとき、足幅は骨盤の両側が両足の足首に合う広さにする

首の付け根裏と股関節裏、足底を結ぶラインを垂直にして構える

首の付け根の裏・股関節の裏・足底を結ぶラインが地面に対して垂直になるように立つ。足幅は骨盤の両側が両足の足首に合う広さにし、太ももを閉めるイメージを持つ。前傾角度がやや深くなる。腕は、肩からヒジにかけて体側のやや後方に収まっているイメージ。ワキの後ろ側が閉まっている感じだ。

B2

安定したショットは、握り方にと構えにカギがある!

グリップ&構え

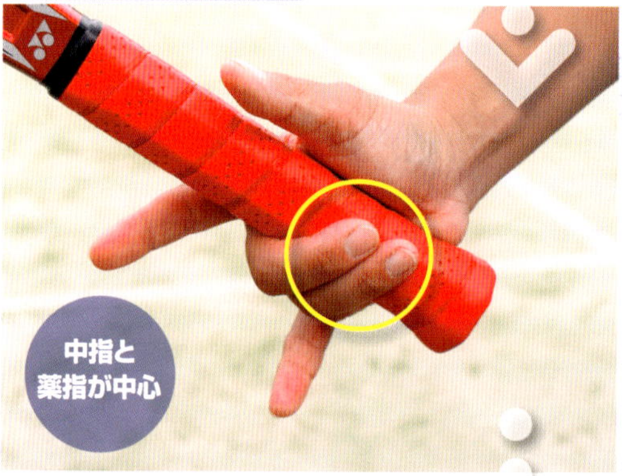

グリップを左右からつかみにいく
イメージがB2タイプの特徴

check point

**グリップを
しっかりさせるには、
薬指に意識を
置くと良い**

B2タイプは中指と薬指を中心にしたパームグリップで握る

B1と同じく、ラケットを手のひら側にセットして、手のひらに近い中指と薬指の部分を横から当て、親指とともに巻きつけるようにする。中指から手のひらの正中線に対して、斜めになるように巻きつけるのがポイント。そして、人指し指と小指を巻き込んで、グリップを完成させる。

カラダをボールに向けて、安定させるのは首の付け根というイメージを持つ

check point

ラケットはカラダの正中線に対してクロスに構えるのがB2の特徴

B2の足幅は、骨盤の外側がちょうど両足の内側に入る広さに構えよう

首の付け根と股関節、足底を結ぶラインを垂直にして構えるのがB2

首の付け根と股関節、そして足底を結んで、そのラインが地面に対して垂直になるように立つのがB2の構えだ。スタンスは、ちょうど骨盤が両足の内側に入る広さにして、太ももの横ぐらいから、足の外側に大きくカベを意識するようなイメージを持つ。両腕は、カラダの前に置き、軽く前ワキを閉めるようにして構えよう。

A1

軸を左右にシフトさせ、
カラダの伸び上がりを意識すればスイングが変化する!

フォアハンドストローク

横から見たA1のフォアハンドストローク

正面から見たA1のフォアハンドストローク

A1はボールに対して斜めに入り伸び上がりながらカラダを左右に移動させる

体軸の左右へのシフトと、カラダの伸び上がりがスイングのパワーの源

前足のヒザを基点に、足底とみぞおちが地面に対して垂直にそろった時にインパクトすることで、スイングのパワーをロスすることなくボールに伝えることができる

フォアハンドストローク

A1 テイクバック

スイングに入るための最初の挙動

左ヒザとみぞおちで、動きの基点となる運動軸をつくる。

左ヒザとみぞおちを地面に対して垂直に揃えるようにする

動作を始動する時に、前足の足底とヒザ、そしてみぞおちをそろえるようにして運動軸をつくり、ボールの飛球ラインに対して斜めに入っていく。そうすることで、最適なインパクトを迎えることのできるポイントに、素早く最短距離で入っていくことができる。

Swing check !

両ヒジを、みぞおちと同じ高さにするとよりスムースな始動が生まれる!

運動軸

Aタイプは、打球方向に対して前サイドに軸をつくる

NG image

ボールの飛球ラインにスクエアに入ろうとすると、ボールとの距離感が取りにくくなる

A1 フォアハンドストローク

スイッチポイント

スイングの切り替えポイント

ボールを肩越しに見るようなカタチが、運動軸のシフト完了の証。

左ヒザとみぞおちを結ぶラインが伸ばされ、胴体がねじれる

左ヒザと、みぞおちを結ぶラインを伸ばすイメージで動かしていこう。この時、右サイドが伸びて上がるため、胴体は肋骨の下辺に沿った曲線でねじれる。結果として左肩があごの横についたカタチになり、左サイドのカベができる。この動きによってボールを肩越しに見るような見た目になる。

Swing check!

右ヒジでリードすることで、素早く体幹がねじり上げられる

体幹の動き

Aタイプは、肋骨の下辺に沿った曲線運動のイメージを持って体幹を動かすと自然

地面と水平に体幹を動かそうとすると、スムースな動きができなくなる

NG image

フォアハンドストローク

A1 コアインパクト

体幹運動の切り替えで自然発生する一場面

前足のヒザを基点にして、みぞおちと足底を一直線にそろえるイメージ。

左サイドの伸展が、伸び上がりながらのインパクトを生む

右ヒザと、みぞおちを結んだラインを伸ばすイメージで動かしていく。この時、左サイドが伸び上がるため、胴体は肋骨の下辺に沿った曲線運動をしつつ、右サイドが前にでてくる。左ヒザを基点にみぞおちと足底が一直線にそろう時期にボールを捉えると、体幹のパワーがロスすることなくボールに伝わる。

Swing check !

インパクトポイントは、テイクバックの時の左手の位置

P2
P4
P5
運動軸
打球方向に対して前に軸をつくるAタイプはインパクトポイントが前に見える

NG image

沈み込みながらインパクトするイメージを持つと、強いインパクトにならない

フォアハンドストローク

A1 フィニッシュ

スイングしきった結果のカタチ

前足のヒザを基点に、左斜め上に上体がねじ上がっていく。

体重・重心が前ヒザに移動し 後ろ足が巻き取られるイメージ

前足のヒザを基点に、カラダが上昇しながら前に乗り込んでいく。その結果、体重や重心の移動が完了するため、後ろ足は巻き取られるように動く。腕は肩先からラケットの先までひとかたまりになって振られる。この時、左ヒジがカラダの前にあることで、次の動きに素早く移ることができる。

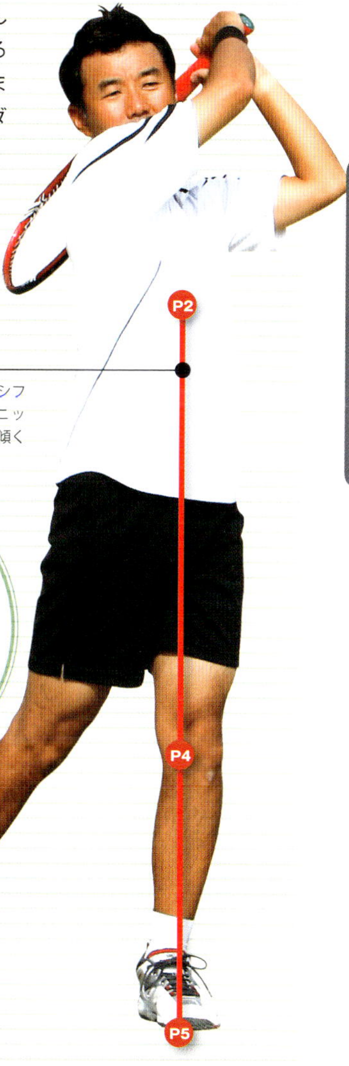

運動軸

運動軸の左右へのシフトによってフィニッシュでは頭は右に傾く

Swing check !

左サイドの伸び上がりが大きなフォロースルーを生む

NG image

左ヒジを体側に持ってくると、カラダが回転し過ぎてバランスを崩してしまう

A1

軸の横方向へのシフトとカラダの伸び上がりが
スムースなスイングを生む!

バックハンドストローク

横から見たA1のバックハンドストローク

正面から見たA1のバックハンドストローク

ボールに対して斜めに入り 伸び上がりと右腕主導でスイングする

軸の左右へのシフトとカラダの伸び上がりがスイングのパワーの源。打球方向に対して
軸を前側に作り前側の腕を主導させることで、なめらかなスイングが実現する

スイングの基点となる軸が打球方向にあるため
フォロースルーは大きく見えるのが特徴

バックハンドストローク

A1 テイクバック

スイングに入るための最初の挙動

右ヒザとみぞおちで動きの基点となる運動軸を作る。

右ヒザとみぞおちを地面に対して垂直にそろえるようにする

動作を始動する時に、右足の底とヒザ、そしてみぞおちをそろえるようにして運動軸をつくり、その後、右ヒザとみぞおちを結んだラインを伸ばすことで、右肩越しにボールを見ることになる。その体勢からボールの飛球ラインに対して斜めに入っていくことが、インパクトポイントへの最短の動きになる。

運動軸

打球方向に対して前に軸をつくるAタイプはインパクトポイントが前に見える

Swing check !

引き腕である左腕を主導させると動きがスムースになる（両手打ちも同じ）

NG image

押し腕である右手を主導させると、スムースなテイクバックができなくなってしまう

A1

バックハンドストローク

スイッチポイント

スイングの切り替えポイント

ボールを肩越しに見るようなカタチが、体幹主導でラケットセットされた証だ。

右ヒザとみぞおちを結んだラインの引き伸びしが体幹主導の動きになる

右ヒザとみぞおちを結ぶラインを伸ばすイメージで動かしていく。この時、左サイドが伸びて上がるため胴体は肋骨の下辺に沿った曲線でねじれる。左腕が主導しラケットを持っている右腕がも引かれていく。その結果、ラケットを持っている両手はカラダの正面にセットされる。

Aタイプは、肋骨の下辺に沿った曲線運動のイメージを持って体幹を動かすと自然だ

Swing check !

スイングにする時、引き腕である右腕を主導させると動きがスムースになる（両手打ちも同じ）

上体を地面と平行に動かすイメージを持ってしまうと不自然な動きになってしまう

NG image

A1 バックハンドストローク

タメ

運動軸のシフト前の右サイドのカベ作り

伸び上がり前の右足の踏みつけが、右サイドのカベを作る。

ヒジがみぞおちの高さにセットされる

伸び上がり前の右足の踏みつけが右サイドのカベを作る。このカベができることによって、安定した運動軸のシフトが可能になる。この時Aタイプのプレイヤーは、ラケットがヒジを基点にみぞおちの高さに落ちてきて、最短距離でインパクトポイントに向かっていきボールを捉える。

右サイドのカベがないとカラダが泳いでしまう

Swing check !

右肩越しにボールを見る意識が右サイドのカベを強固にする

カラダの向きはインパクト時とほぼ変わらない

Swing check !

右ヒザの安定が、大きなフォロースルーを生む

バックハンドストローク

フォロースルー

正しいイメージが正しいスイングを生む

前軸でスイングするために、フォロースルーは前に大きく見える。

右サイドの伸び上がりによって腕全体が振りほどかれる

右サイドの伸び上がりによってラケットが振り出され、右ヒザ、みぞおちが地面に対して垂直にそろった時にインパクト。その状態を維持したまま、肩を支点としてラケットが大きく振られる。カラダの向きはインパクト時とほぼ変わらず横向きがキープされる。

バックハンドストローク

A1 フィニッシュ

スイングしきった結果のカタチ

5ポイントの形成が、次の動きを速くする。

足底、ヒザ、股関節、みぞおち、首の付け根が一直線上にそろう

右ヒザに重心が乗り、地面への踏みつけとともに右サイドはさらに伸び上がり、胴体は肋骨の下辺に沿った曲線運動になる。ラケットは肩の稼働でさらに振られる。その結果、足底、ヒザ、股関節、みぞおち、首の付け根が一直線上にそろい安定した体勢を作っている。

Swing check!

左ヒジを残す意識が、カラダの安定を生む

軸の安定が次の動きを速くする

上体を回すイメージを持ってしまうとバランスが崩れ、次の動きが遅くなってしまう

NG image

A2

軸を前後にスピンさせ、
カラダの伸び上がりを意識すればスイングが変化する!

フォアハンドストローク

横から見たA2のフォアハンドストローク

正面から見たA2のフォアハンドストローク

A2はボールに対してスクエアに入り伸び上がりながらカラダを前後に入れ替える

体軸のスピン（回転）と、カラダの伸び上がりがスイングのパワーの源

前足のヒザ裏を基点に、足底とみぞおちの裏が、地面に対して垂直にそろった時にインパクトすることで、スイングのパワーをロスすることなくボールに伝えることができる

フォアハンドストローク

A2 テイクバック

スイングに入るための最初の挙動

右ヒザ裏とみぞおち裏で、動きの基点となる運動軸をつくる。

右ヒザ裏とみぞおち裏を結ぶ ラインを伸ばせば、左サイドが前にくる

右ヒザ裏と、みぞおちの裏を結ぶラインを伸ばすイメージで動かしていく。このとき右サイドが伸び上がるため、胴体は肋骨の下辺にそった曲線でねじれる。結果として、カラダが同時に反転するのがパラレルタイプのA2特徴だ。ボールへの入り方は、ボールの飛球ラインに対してカラダがスクエア（平行）になる。

背屈

手首が背屈するのはＡ２の特徴的な部分

Swing check !

両ヒジを、みぞおちと同じ高さにするとよりスムースな始動を生む

NG image

大きな体重移動をイメージすると、体幹主導のテイクバックができなくなってしまう

フォアハンドストローク

A2 フォワードスイング

運動軸のシフト

左サイドの伸び上がりで、ラケットが振り出される。

左ヒザ裏とみぞおち裏を結ぶラインを伸ばす動きで、運動軸をシフト

左ヒザ裏と、みぞおちの裏を結ぶラインを引き伸ばすことで、運動軸がスピン（回転）するためカラダの入れ替わりが起こり、ラケットが振り出される。この時、Aタイプのプレイヤーは、ヒジからインパクトポイントに向かっていくことで、最短距離でボールを捉えることができる。

曲線運動

Aタイプは、肋骨の下辺に沿った曲線運動のイメージを持って体幹を動かすと自然だ

Swing check !

カラダが、ボールの飛球ラインに対してスクエアになる

カラダがボールの飛球ラインに対して斜めに入ると、体幹運動ができにくくなる

NG image

A2

フォアハンドストローク

フォロースルー

正しいイメージが正しいスイングを生む

左サイドの引き込みにより、ラケットは左肩口方向に振られる。

体重移動

左サイドの引き込みにより
体重移動が完了する

左サイドが上昇することで大きなフォロースルーになる

左ヒザ裏と、みぞおち裏を結んだラインを引き伸ばされた結果、カラダが上昇しつつ、前後に入れ替わりながらスイングされる。肩からラケットの先まで、ひとかたまりになり大きなフォロースルーとなるが、左肩が背中側に引かれることになるので、左肩口方向へ振られる。その過程で強いインパクトが生まれる。

Swing check !

フォロースルーは前ではなく、左肩口方向へ振るのがポイント

NG image

フォロースルーを前に送ると、カラダの入れ替えが小さくなりインパクトのパワーが落ちる

フォアハンドストローク

A2 フィニッシュ

スイングしきった結果のカタチ

テイクバックとフィニッシュでは、カラダが反転している。

運動軸をスピンさせることでカラダが反転する

左サイドの引き込みにより、体重が完全に左足に乗り切り、上体は曲線的に巻き上がる。テイクバックの状態と比較すると、フィニッシュではカラダが反転して見えるカタチになる。左ヒザ裏とみぞおち裏が一直線にそろう事で運動の軸が形成され、次の動きに素早く移ることができる。

Swing check！

左サイドの伸び上がりが大きなフォロースルーを生む

運動軸

運動軸がスピンするのため、A1と比べて頭は垂直になる

胴体を水平に動かすイメージを持ってしまうと、なめらかな体幹運動ができなくなる

NG image

A2

軸の前後へのスピンと、
カラダの伸び上がりが軽快なスイングを生む!

バックハンドストローク

横から見たA2のバックハンドストローク

正面から見たA2のバックハンドストローク

ボールに対してスクエアに入り伸び上がりと右腕主導でスイングする

軸の前後へのスピンとカラダの伸び上がりが、スイングのパワーの源。打球方向に対して軸を前側に作り前腕を主導させることで、軽快なスイングが実現する

スイングの基点となる軸が打球方向にあるため、フォロースルーは大きく見えるのが特徴

バックハンドストローク

A2 スイッチポイント

スイングの切り替えポイント

左右同時の反転が、体幹主導でのラケットセットを生む。

左ヒザ裏とみぞおち裏を結んだラインの引き伸ばしが体幹主導の動きになる

左ヒザ裏とみぞおちの裏側を結ぶラインを伸ばすイメージで動かしていく。この時、左サイドが伸びて上がるため、胴体は肋骨の下辺に沿った曲線でねじれ、カラダが左右同時に反転する。左腕が主導し、ラケットを持っている右腕が引かれていく。その結果、ラケットを持っている両手はカラダの正面にセットされる。

ボールの飛球ラインに対してスクエアに入っていく

Swing check !

スイングする時、引き腕である右腕を主導させると動きがスムースになる（両手打ちも同じ）

NG image

カラダがボールの飛球ラインに対して斜めに入ると、距離感が取りにくくなる

A2

バックハンドストローク
タメ

運動軸のスピン前の右サイドのカベ作り

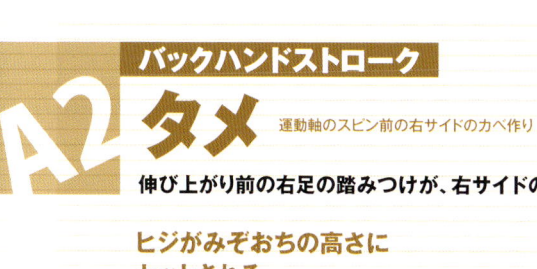

伸び上がり前の右足の踏みつけが、右サイドのカベを作る。

ヒジがみぞおちの高さにセットされる

伸び上がり前の右足（右ヒザ）の踏みつけが、右サイドのカベを作る。このカベができることによって、安定した運動軸のスピンが可能になる。この時Aタイプのプレイヤーは、ラケットがヒジを基点に、みぞおちの高さに落ちてきて、インパクトポイントに最短距離で向かっていきボールを捉える。

右サイドのカベがないとカラダが泳いでしまう

Swing check !

その場でスイングするイメージが右サイドのカベを強固にする

NG image

右肩越しにボールを見るイメージを持つと、なめらかな振り出しができなくなる

バックハンドストローク

A2 フォロースルー

正しいイメージが正しいスイングを生む

前軸でスイングするために、フォロースルーは前に大きく見える。

カラダの向きは
インパクト後に
前を向いてくる

右サイドの伸び上がりによって腕全体が振りほどかれる

カラダの右サイドの伸び上がりによってラケットが振り出され、右ヒザの裏、みぞおちの裏側が地面に対して垂直にそろった時にインパクト。その状態を維持したまま、肩を支点としてラケットが大きく振られる。カラダの向きはインパクト後、右肩が背中側に引かれることになるので前を向いてくる。

Swing check !

右ヒザの安定が、大きなフォロースルーを生む

カラダが横向きのイメージを持ってしまうと、強いインパクトができなくなる

NG image

バックハンドストローク

A2 フィニッシュ

スイングしきった結果のカタチ

5ポイントの形成が、次の動きを速くする。

足底、ヒザ裏、股関節裏、みぞおち裏、首の付け根裏が一直線上にそろう

右ヒザ裏に重心がのり、地面への踏みつけとともに右サイドはさらに伸び上がり、胴体は肋骨の下辺に沿った曲線運動になる。ラケットは肩の稼働でさらに振られる。その結果、足底、ヒザ裏、股関節の裏、みぞおちの裏、首の付け根裏が一直線上にそろい安定した体勢を作っている。

Swing check !

左ヒジを体側に残す意識が、カラダの安定を生む

NG image

胴体を地面と水平に回すイメージを持ってしまうと、バランスを崩してしまう

B1

軸を前後にスピン（回転）させ、
カラダの沈み込みを意識すればスイングが変化する!

フォアハンドストローク

横から見たB1のフォアハンドストローク

正面から見たB1のフォアハンドストローク

沈み込みながらカラダの向きが 180度入れ替わるB1タイプ

体軸の前後へのスピン（回転）と、カラダの沈み込みがスイングのパワーの源

首の付け根裏と股関節の裏が、地面に対して垂直にそろった時にインパクトすることで、スイングのパワーをボールに伝えることができる

フォアハンドストローク

B1 テイクバック

スイングに入るための最初の挙動

運動軸の前後の入れ替えによってカラダがほぼ同時に反転。

左ワキの裏と左股関節裏を結ぶラインを圧縮すれば、左サイドが前にくる

左ワキ裏と、左股関節裏を結ぶラインを圧縮をすることで、左サイドの押し込みが生まれ、結果としてカラダが同時に反転するのがパラレルタイプのB1の特徴だ。ボールへの入り方は、ボールの飛球ラインに対してカラダがスクエア（平行）になる。

背屈
手首が背屈するのは
パラレルタイプの特
徴的な部分

Swing
check !
手首を肩と
同じ高さにすると
よりスムースな
始動を生む

NG image

ボールの飛球ラインに斜めに入ろうとすると、ボールとの距離感が取りにくくなる

B1 フォアハンドストローク フォワードスイング

運動軸のシフト

右サイドの沈み込みで、ラケットが振り出される。

Swing check !

カラダがボールの飛球ラインに対してスクエアになる

右ワキ裏と右股関節裏を結ぶラインを圧縮する動きで運動軸をシフト

右ワキの裏と、右股関節の裏側を結ぶラインを圧縮することで、運動軸が前後に回転するためカラダの入れ替わりが起こり、ラケットが振り出される。この時、B1タイプのプレイヤーは、手首からインパクトポイントに向かっていくと、最短距離でボールを捉えることができる。

体幹の動き

B１タイプは、地面と水平な直線をイメージしながら体幹を動かすと安定する

左ヒジや左サイドをリードするイメージでスイングすると、スイングが加速しにくい

NG image

フォアハンドストローク

B1 コアインパクト

体幹運動の切り替えで自然発生する一場面

4タイプの中で、相手に対してもっとも正対するのが特徴。

Swing check !

インパクト時でも後ろ足は返らない

右サイドの圧縮が沈み込みながらのインパクトを生む

右ワキの裏と、右股関節の裏を結ぶラインを圧縮することで、足首が曲がりヒザが落ちるため、沈み込みながら右サイドのカラダが前に押し出される。上体は、地面に対して水平に動く。首の付け根の裏と、右股関節の裏が一直線にそろう時期にボールを捉えると、体幹のパワーがロスすることなくボールに伝わる。

体軸

打球方向に対して後軸を作るBタイプはボールを呼び込んで打つ

NG image

伸び上がりながらインパクトしようとすると、強いインパクトができなくなる

フォアハンドストローク

B1 フォロースルー

正しいイメージが正しいスイングを生む

右サイドの押し込みによって、腕全体が前に押し出される。

後軸でスイングするためフォロースルーは小さくなる

右サイドのさらなる押し込みによって腕全体が前に押し出され、それと同時に左の肩甲骨が後方に引かれる。その結果、カラダの正面に腕が位置したままラケットが抜けていく。打球方向に対して後軸でスイングするために、前軸でスイングをするAタイプより、小さなフォロースルーとなる。

Swing check !
フォロースルーの
時点でも後ろ足は
返り切らない
上体の動き
上体は地面に対
して水平に動く
大きなフォロー
スルーをイメー
ジしてスイング
すると、カラダ
が泳いでしまう
ことになる
NG image

B1

軸の前後へのスピンと沈み込みを意識すれば、
スイングが変化する!

バックハンドストローク

横から見たB1のバックハンドストローク

正面から見たB1のバックハンドストローク

ボールに対してスクエアに入り
左サイドの押し込みでスイングする

軸のスピンとカラダの沈み込みがスイングのパワーの源。打球方向に対して軸を後ろ側に作り、
左サイドの押し込みによってスイングすることでパンチの効いたスイングが実現する

スイングの基点となる軸が打球方向の後ろ側にあるため
フォロースルーが小さく見えるのが特徴だ

B1

バックハンドストローク

テイクバック

スイングに入るための最初の挙動

前側の圧縮が動きの基点となる運動軸を作る。

右ワキ裏と右股関節裏を結んだライン を圧縮し後軸をつくる

右ワキ裏と右の股関節の裏を結ぶラインを圧縮することで、足首が曲がってヒザが落ち右サイドの押し込みが生まれる。その結果、左足底と左の股関節裏がそろい運動軸ができる。ボールの飛球ラインに対してスクエアに入ることで、最適なインパクトポイントに素早く最短距離で入れる。

Swing check!

押し腕である右腕を主導させると動きがスムースになる（両手打ちも同じ）

Swing check!

右ヒザの落とし込みが、体幹の動きをスムースにする

バックハンドストローク

スイッチポイント

スイングの切り替えポイント

左右ほぼ同時の反転が、体幹主導でのラケットセットを生む。

右ワキ裏と右股関節裏を結ぶ ラインの圧縮が体幹主導の動きに

右ワキ裏と右の股関節を結ぶラインを圧縮するイメージで動かしていく。この時、左足底と左の股関節裏がそろい、打球方向に対して後軸ができ、カラダがほぼ左右同時に反転する。その結果、右サイドの押し込みと右手主導でラケットが引かれる。体幹主導の証として、ラケットを持っている両手はカラダの正面にセットされる。

バックハンドストローク

B1 タメ

運動軸のスピン前の右サイドのカベ作り

両足の踏みつけが、右サイドのカベを作る。

手首が肩の高さにセットされる

スイング前の両足の踏みつけが、右サイドのカベを作る。このカベができることによって、安定した運動軸のスピンが可能になる。この時、Bタイプのプレイヤーは、手首が肩の高さにセットされる。その後、沈み込みによって腰の高さに落ちてきて、インパクトポイントに最短距離で向かっていきボールを捉える。前軸でスイングをするAタイプより、小さなフォロースルーとなる。

右サイドのカベがないとカラダが泳いでしまう

Swing check！

その場でスイングするイメージが、右サイドのカベを強固にする

NG image

右肩越しにボールを見ようとすると、スムースなカラダの入れ替えができなくなる

バックハンドストローク

B1 コアインパクト

体幹運動の切り替えで自然発生する一場面

軸のスピンによる、左サイドの押し込みでインパクト。

Swing check！

左手の
押し込みの意識が、
強いインパクトを
生む

インパクト時でも
後ろ足は返らない

首の付け根の裏と左の股関節の裏がそろうときにボールを捉える

左のワキ裏と左の股間裏を結ぶラインを圧縮することで、足首が曲がりヒザが落ちるため、沈み込みながら左サイドが前に押し出される。胴体は地面に対して水平に動く。首の付け根裏と左の股関節裏が一直線にそろう時期にボールを捉えると、体幹のパワーをロスすることなくボールに伝わる。

NG image

右サイドのリードでスイングしようとすると、強いインパクトができなくなる

P1
P3

バックハンドストローク

B1 フォロースルー

正しいイメージが正しいスイングを生む

背骨を軸にして、くるっと回るようなフォロースルー。

左サイドの押し込みで腕全体を押し出される

ラケットを持っていない、左サイドのさらなる押し込みによって腕全体が前に押し出され、それと同時に右の肩甲骨が後方に引かれるため、背骨を軸にして、くるっと回ったようなフォロースルーになる。打球方向に対して後軸でスイングするために、前軸でスイングをするAタイプよりフォロースルーは小さく見える。

Swing check！

胴体は地面に対して水平に動く

フォロースルーの時点でも後ろ足は返り切らない

Swing check！

フィニッシュの時点でも、後ろ足は返り切らない

上体は地面に対して水平に動く

バックハンドストローク

フィニッシュ

スイングしきった結果のカタチ

5ポイントの形成が、次の動きを速くする。

右足底、右ヒザ裏、右股関節裏、みぞおち裏、首の付け根裏が一直線上にそろう

左サイドの押し込みで、体重が完全に右足に乗り切る。上体は地面に対して水平に動きながらさらに回る。その結果、右足底、右ヒザ裏、右股間裏、みぞおち裏、首の付け根裏が一直線上にそろい、安定した体勢を作っている。軸が形成されることで、次の動きに素早く移る事ができる。

B2

軸を左右にシフトさせ、
カラダの沈み込みを意識すればスイングが変化する!

フォアハンドストローク

横から見たB2のフォアハンドストローク

正面から見たB2のフォアハンドストローク

B2はボールに対して斜めに入り沈み込みながらカラダを右から左に移動

体軸の左右へのシフトとカラダの沈み込みがスイングに力を伝えるポイント

首の付け根と股関節が、地面に対して垂直にそろった時にインパクトすることで、スイングのパワーのロスを軽減させボールに確実に伝えることができる

フォアハンドストローク

B2 テイクバック

スイングに入るための最初の挙動

左ワキと右股関節を結んだラインを圧縮し、後軸を作る。

クロスの圧縮で右股関節と足底を垂直にそろえる

動作を始める時に、左のワキと右股関節を結んだラインを圧縮することで、右足底と右股関節がそろって動きの基点となる後軸を作り、ボールの飛球ラインに対して斜めに入っていく。そうすることで、最適なインパクトを迎えることのできるポイントに、最短距離で入っていける。

Swing check!

手首を肩と同じ高さにするとよりスムースな始動を生む

NG image

ボールの飛球ラインにスクエアに入ろうとすると、ボールとの距離感が取りにくくなる

フォアハンドストローク

B2 タメ

運動軸のシフト前の左サイドのカベ作り

ボールを肩越しに見るようなカタチが運動軸のシフト完了の証。

左ワキと右股関節を結ぶラインが圧縮され、右足線上に運動軸が完成

左のワキと右股関節を結ぶラインを、圧縮するイメージで動かしていく。その結果、左サイドが押し込まれ右の股関節を基点にして、足底と首の付け根が地面に対して一直線にそろっている。横方向に大きく動き移動したため、ラケットも大きく後ろに移動。この動きによってボールを肩越しに見るようになる。

Swing check !

左手とラケットは後軸線上で離すと体幹の動きと連動しやすい

体幹の動き

Bタイプは、地面と水平な直線をイメージしながら体幹を動かすと安定

カラダのひねり戻しをイメージすると、体幹主導のスイングができなくなってしまう

NG image

フォアハンドストローク

B2

コアインパクト

体幹運動の切り替えで自然発生する一場面

首の付け根を基点として、右股関節を一直線にそろえるイメージ。

右サイドからの圧縮が沈み込みながらのインパクトを生む

右ワキと左股関節を結んだラインを圧縮することで、足首が曲がりヒザが落ちるため、沈み込みながら右サイドが前に押し出される。上体は地面に対して水平に動く。首の付け根と右の股関節が、一直線にそろう時にボールを捉えると、体幹のパワーをロスすることなくボールに伝わる。

Swing check !

インパクト時でも
後ろ足は返らない

沈み込みながらインパクトするイメージを持つと強いインパクトができる

NG image

伸び上がりながらインパクトしようとすると、強いインパクトができなくなる

B2

フォアハンドストローク

フォワードスイング

運動軸のシフト

右サイドの圧縮によって、軸のシフトが開始される。

右ワキと左股関節を結ぶラインを圧縮する動きで運動軸をシフト

右ワキと左股関節を結ぶラインを、圧縮と地面への両足の踏みつけによって、運動軸の左サイドへのシフトが開始される。これによって、右サイドの左サイドへの押し出しが始まるが、ラケットは後ろに残ったままになる。最短距離でボールを捉えるために、手首からインパクトポイントへ向かうと良い。

Swing check！
手首から
インパクトに向かう
イメージだ！

Swing check！
フォロースルーの
時点でも後ろ足は
返り切らない

バックハンドストローク

フォロースルー

正しいイメージが正しいスイングを生む

左手サイドのカベが、安定した体幹運動を導く。

左手前腕の固定の意識が左サイドのカベを強固にする

左前腕を固定する意識を持ちながら、右サイドのさらなる押し込みによって胴体が水平に回転する。その結果、腕全体が前に押し出されラケットが振り抜けていく。打球方向に対して後軸でスイングするために、前軸でスイングをするAタイプよりフォロースルーは小さくなる。

B2

軸の左右へのシフトと、
カラダの沈み込みを意識すればスイングが変化する!

バックハンドストローク

横から見たB2のバックハンドストローク

正面から見たB2のバックハンドストローク

ボールに対して斜めに入り 左サイドの押し込みによってスイング

軸の左右へのシフトと、カラダの沈み込みがスイングのパワーの源。打球方向に対して軸を後ろ側に作り、左サイドの押し込みによってスイングすることでパワフルなスイングが実現する

スイングの基点となる軸が、打球方向の後ろ側にあるため
フォロースルーが小さく見えるのが特徴

B2

バックハンドストローク

テイクバック

スイングに入るための最初の挙動

クロスの圧縮が、動きの基点となる運動軸を作る。

右ワキと左股関節を結んだ ラインを圧縮し後軸を作る

スイング動作を始める時に、右ワキと左の股関節を結んだラインを圧縮することで、足首が曲がってヒザが落ち右サイドの押し込みが生まれる。その結果、左足底と左の股関節がそろい運動軸ができる。ボールの飛球ラインに対して斜めに入ることで、最適なインパクトポイントに素早く最短距離で入れる。

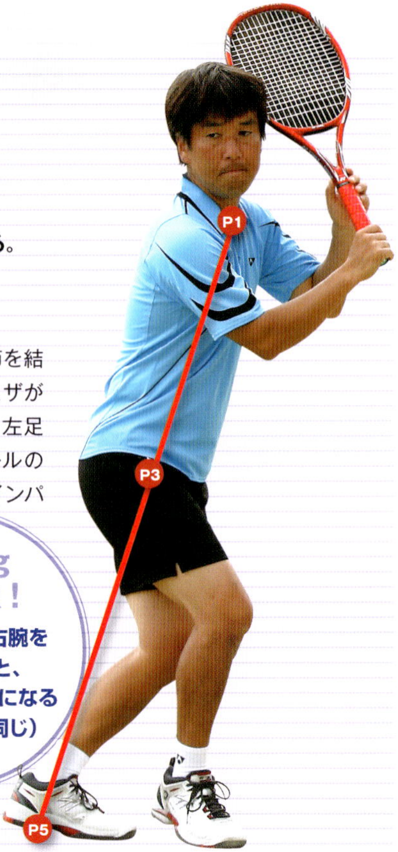

Swing check !

**押し腕である右腕を
主導させると、
動きがスムースになる
（両手打ちも同じ）**

バックハンドストローク

スイッチポイント

スイングの切り替えポイント

ボールを肩越しに見るようなカタチが、体幹主導でラケットセットされた証。

Swing check !

**右ヒザの落とし込みが、
体幹の動きを
スムースにする**

右ワキと左股関節を結ぶ ラインの圧縮が体幹主導の動きに

右ワキと左の股関節を結ぶラインを圧縮するイメージでカラダを動かしていく。この時、左足底と左の股関節がそろい、打球方向に対して後軸ができ胴体が水平にねじれる。その結果、右サイドの押し込みと右手主導でラケットが引かれる。体幹主導の証として、ラケットを持っている両手はカラダの正面にセットされる。

バックハンドストローク

B2 タメ

運動軸のシフト前の右サイドのカベ作り

クロスのさらなる圧縮が、運動軸のシフト前の右サイドのカベを作る。

右サイドのカベがないと、カラダが泳いでしまう

手首が肩の高さにセットされる

さらなるクロスの圧縮で、右足がステップされ右サイドにカベができる。このカベによって安定した運動軸の左右へのシフトが可能になる。この時、Bタイプのプレイヤーは、手首が肩の高さにセットされる。その後、沈み込みによって腰の高さに落ちてきて、インパクトポイントに最短距離で向かっていきボールを捉える。

Swing check !

右肩越しにボールを見る意識が、右サイドのカベを強固にする

NG image

カラダが起きるとタメがなくなり、タイミングが取れなくなる

B2

バックハンドストローク

フォワードスイング

運動軸のシフト

左サイドからの圧縮によって、軸のシフトが開始される。

手首からインパクトに向かう

左ワキと右股関節を結ぶ ラインを圧縮する動きで運動軸をシフト

左ワキと右の股関節を結ぶラインの圧縮と、地面への後ろ足の踏みつけによって、運動軸の右サイドへのシフトが開始される。これによって左サイドの右サイドへの押し出しが始まるが、ラケットは後ろに残ったままになる。カラダの向きはスイッチポイントとほとんど変化しない。

Swing check !

左手首(グリップ)は左軸のライン上にキープ

バックハンドストローク

コアインパクト

体幹運動の切り替えで自然発生する一場面

軸のシフトによる左サイドの押し込みでインパクトする。

左サイドからの圧縮が 沈み込みながらのインパクトを生む

左ワキと右股間の裏を結ぶラインを圧縮することで、足首が曲がりヒザが落ちるため、沈み込みながら左サイドが前に押し出される。胴体は地面に対して水平に動く。首の付け根と左の股関節が一直線にそろう時期にボールを捉えると、体幹のパワーをロスすることなくボールに伝わる。

Swing check !

左手の押し込みの意識は、左手首が左股関節にあると感じられる

バックハンドストローク

B2 フォロースルー

正しいイメージが正しいスイングを生む

沈み込みの反動で、カラダが上昇する。

左サイドの意識が安定した体勢を作る

軸のシフトにより、後ろに残った体重と重心が右足に乗ってくる。それと同時にインパクト時の沈み込んだ反動によってカラダが上昇してくる。そのため、沈み込みが強いと伸び上がりも大きくなる。打球方向に対して後軸でスイングするために、前軸でスイングをするAタイプより、フォロースルーは小さく見える。

カラダを回すイメージを持つと、バランスが崩れて次の動きが遅くなってしまう

NG image

カラダの向きはインパクト時とほぼ変わらない

Swing check!

胴体は地面に対して水平に動く

COLUMN 3

あの名プレイヤーはどのタイプ?

ビョルン・ボルグ

1956年6月6日生まれ。
右利き。身長180cm、体重72kg
スウェーデン出身の名プレイヤー。ジョン・マッケンローらと並んで黄金時代を築いた名選手の一人。全仏オープン4連覇を含む6勝、ウィンブルドンでは5連覇を達成した。4大大会通算「11勝」は歴代4位タイ記録。

Björn
Borg

PART 4

ボレー

ボレーの技術を
4タイプ別に紹介。
フォア、バックともそれぞれの
ポイントを確認しよう。

A1

ボールに斜めに入り、
ステップインと同時インパクトが安定したボレーを生む!

フォアハンドボレー

横から見たA1のフォアハンドボレー

正面から見たA1のフォアハンドボレー

ボールの飛球ラインに対して斜めに切れ込み前足の着地とほぼ同時にボールを捉える

コアインパクト

短時間の中でも体幹主導が原則。ヒジとみぞおちを同じポジションにするイメージでラケットをセット。ステップインの反力が強いインパクトを生む

ボールの飛球ラインに対して斜めに切り込んでいくことで、最短距離でボールを正確に捉えることができる

フォアハンドボレー

A1 スイッチポイント

スイングの切り替えポイント

左ヒザとみぞおちを結ぶラインの、引き伸ばしのイメージでラケットセット。

ヒジとみぞおちを同じ高さにセットするイメージ

左ヒザとみぞおちと結んだラインを、引き伸ばすイメージを持つと、体幹主導のラケットセットになる。ヒジとみぞおちを同じ高さにセットするイメージを持つことで、ボールに対してラケットが最短距離で入っていく。ボールの飛球ラインに対して斜めに切り込んでいけるポジション取りをする。

ボールの入り方

ボールに対して斜めに切り込んでいくイメージが大切

Swing check!

右ヒジとみぞおちを同じ高さにすることが素早い体幹運動を生む

NG image

ボールの飛球ラインにスクエアに入ろうとすると、ボールとの距離感が取りにくい

フォアハンドボレー

A1 コアインパクト

体幹運動の切り替えで自然発生する一場面

インパクトのタイミングは、左足着地とほぼ同じだ。

強いインパクトは前足の踏み込みがカギ

ラケットでボールを捉えるタイミングは、踏み込んだ左ヒザに重心が乗り、地面を強く踏み込んでいくタイミングと同時になる。その踏み込んだ反力で強いインパクトが発生する。みぞおちでボールを捉えるイメージを持つことで安定して正確にボールを捉えることができる。

Swing check !

**みぞおちで
ボールを捉える
イメージを持つ**

リズム

ボレーのリズムは1・2のリズムを持つと良い

NG image

踏み込んでから沈み込むイメージを持つと、強いインパクトができなくなる

A1

ボールに対して斜めに入る。
左ヒジの固定が素早いステップワークを生む!

バックハンドボレー

横から見たA1のバックハンドボレー

正面から見たA1のバックハンドボレー

ボールの飛球ラインに対して斜めに切れ込み 左ヒジの固定によって素早くステップイン

短時間の中でも体幹主導が原則。左ヒジの固定が柔軟なステップインを生む

インパクトのタイミングはステップインとほぼ同時。ボールの飛球ラインに対して斜めに切り込んでいくことで、最短距離でボールを正確に捉えることができる

A1

バックハンドボレー

テイクバック

スイングに入るための最初の挙動

基本姿勢から体幹のクロスへの引き伸ばしで、ラケットを準備する。

右ヒザとみぞおちを結んだ ラインを引き伸ばしでラケットセット

スプリットステップ後に、足底とヒザ、みぞおちが地面に対して垂直にそろった基本姿勢から、右ヒザとみぞおちを結んだラインを伸ばしてラケットをセットする。その体勢からボールの飛球ラインに対して斜めに入っていくことが、インパクトポイントへの最短の動きになる。

Swing check !

みぞおちとヒジの高さを同じにすると体幹運動がスムースになる

バックハンドボレー

スイッチポイント

スイングの切り替えポイント

左ヒジを固定するイメージが、柔軟なステップワークになる。

左ヒジを宙にピンで留めたように固定する

肩越しにボールを見るカタチが、体幹主導でラケットセットされた証拠だ。左ヒジを宙にピンで留めたように固定することで、脚を柔軟に動かせるようになる。脚を動かすことは、体幹を動かすことにつながる。その結果、体幹運動によって主導される右腕、ラケットの順で動きボールを捉える。

Swing check !

引き腕である右腕が主導するのがAタイプの特徴

A1

バックハンドボレー

コアインパクト

体幹運動の切り替えで自然発生する一場面

ステップインが強いインパクトを生む原動力。

ステップインとインパクトのタイミングはほぼ同時

ラケットでボールを捉えるタイミングは、踏み込んだ右ヒザに重心が乗り、地面を強く踏み込んでいくタイミングとほぼ同時になる。その踏み込んだ反力で強いインパクトが発生する。みぞおちでボールを捉えるイメージを持つことで、安定して正確にボールを捉えることができるのだ。

Swing check !

強い打球は、強い踏み込みにより可能になる

バックハンドボレー

フィニッシュ

スイングしきった結果のカタチ

右ヒザと左ヒジを結ぶラインを、引き伸ばすようにしてバランスを取る。

Swing check !

カラダの向きは横向きを維持

右ヒザとみぞおち、左ヒジを結ぶラインで運動軸を作る

右ヒザとみぞおち、みぞおちのサブポイントである左ヒジが一直線上に並ぶことで、カラダのバランスが取れ安定したフィニッシュになる。その結果、次の動きが素早くなる。ラケットワークとしては、打球方向に対して軸を前に作るAタイプの特徴として、フォロースルーは大きく見える。

A2

ボールにスクエアに入り、
ステップインと同時のインパクトが安定したボレーになる!

フォアハンドボレー

横から見たA2のフォアハンドボレー

正面から見たA2のフォアハンドボレー

飛球ラインに対してスクエアに切れ込み前足の着地とほぼ同時にボールを捉える

短時間の中でも体幹主導が原則。ヒジとみぞおちを、同じポジションにするイメージでラケットをセットする。ステップインの反力が強いインパクトを生む

ボールの飛球ラインに対してスクエアに切り込んでいくことで、最短距離でボールを正確に捉えることができる

フォアハンドボレー

A2 スイッチポイント

スイングの切り替えポイント

みぞおち裏と右ヒザ裏を結ぶラインを、引き伸ばすイメージでラケットセット

ヒジとみぞおちを同じ高さにセットするイメージ

みぞおち裏と左ヒザ裏を結んだラインを、引き伸ばすイメージを持つと体幹主導のラケットセットになる。ヒジとみぞおちを同じ高さにセットするイメージを持とう。こうすることで、ボールに対してラケットが最短距離で入っていく。ボールの飛球ラインに対してスクエアに切り込んでいけるポジション取りを心がけよう。

Swing check !

右ヒジとみぞおちを同じ高さにすることが、素早い体幹運動を生む

左サイドのカベをイメージする

NG image

ボールの飛球ラインに斜めに入ろうとすると、ボールとの距離感が取りにくくなる

フォアハンドボレー

A2 コアインパクト

体幹運動の切り替えで自然発生する一場面

インパクトのタイミングは、左足の着地とほぼ同じだ。

強烈なインパクトは 前足の踏み込みがカギ

ラケットでボールを捉えるタイミングは、踏み込んだ左ヒザの裏に重心が乗り、地面を強く踏み込むタイミングと同時。その踏み込んだ反力が、強烈なインパクトを生むのだ。みぞおち裏を意識して、ボールを捉えるイメージを持つことで、安定して正確にボールを捉えることができる。

Swing check !

「強い打球＝強い踏み込み」だということを意識

NG image

後ろ足で踏み出すイメージを持つと、インパクトのタイミングが遅れてしまう

A2

体側での左ヒジの固定が、
素早いステップワークを生み出す!

バックハンドボレー

横から見たA2のバックハンドボレー

正面から見たA2のバックハンドボレー

飛球ラインにスクエアに切れ込み、体側での左ヒジの固定により素早くステップイン

短時間の中でも体幹主導が原則だ。A2は体側での左ヒジの固定が、柔軟なステップインを生む

インパクトのタイミングはステップインとほぼ同時。ボールの飛球ラインに対してスクエアに切り込んでいくことで、最短距離で正確にボールを捉えることが可能

バックハンドボレー

A2 スイッチポイント

スイングの切り替えポイント

左ヒジの体側への固定が、柔軟なステップワークを生む。

Swing check !

引き腕である
右腕主導で動くのが、
Aタイプの
特徴だ

左ヒジを宙に ピンで留めたように体側で固定

左右同時の反転が、体幹主導でラケットセットされた証拠だ。体側で左ヒジを宙にピンで留めたように固定することで、脚を柔軟に動かせるようになる。脚を動かすことは、体幹を動かすことにつながる。その結果、体幹運動によって主導される右腕、ラケットの順で動かされボールを捉えることができる。

左ヒジの位置は、
体側から動かない

ボールを肩越しに見ようとイメージすると、ボールとの距離感が取りにくくなる

NG image

バックハンドボレー

A2 コアインパクト

体幹運動の切り替えで自然発生する一場面

ステップインが、強いインパクトを生み出すカギ!

ステップインとインパクトのタイミングはほぼ同時

ラケットでボールを捉えるタイミングは、踏み込んだ右ヒザの裏に重心が乗り、地面を強く踏み込んでいくタイミングと同時だ。その踏み込みの反力で強烈なインパクトが発生する。みぞおち裏でボールを捉えるイメージを持てば、カラダが安定して正確にボールを捉えることができる。

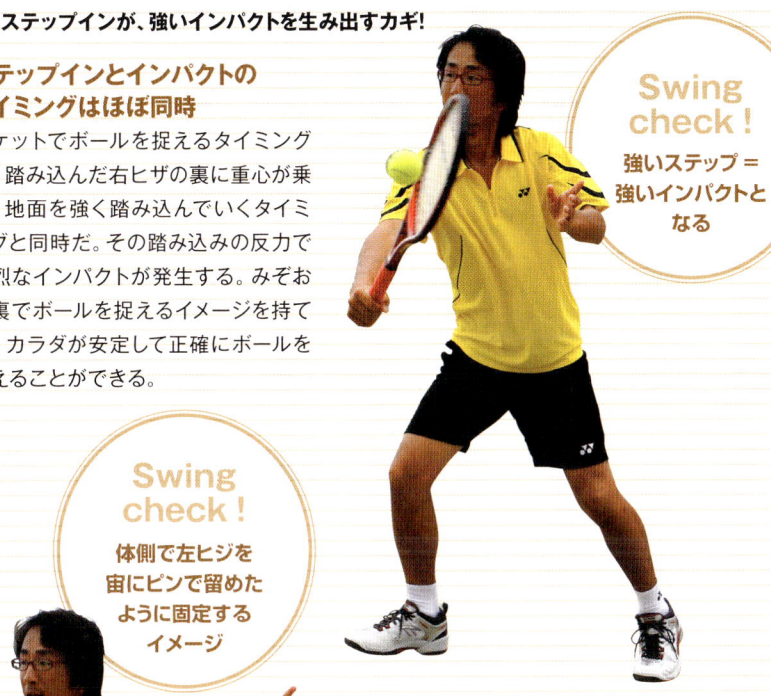

Swing check !

強いステップ＝強いインパクトとなる

Swing check !

体側で左ヒジを宙にピンで留めたように固定するイメージ

バックハンドボレー

フィニッシュ

スイングしきった結果のカタチ

右ヒザ裏に重心が集まってくる。

右ヒザ裏の上にみぞおち裏が乗ることでカラダが安定

ステップインとほぼ同時にボールを捉えた後、みぞおち裏が右ヒザ裏の上に乗ることでカラダのバランスが取れ、安定したフィニッシュ動作になる。その結果、次の動きに素早く移行できる。ラケットワークとしては、体幹の動きとリンクするため、上から下の縦の動きがセオリーだ。

B1

ボールにスクエアに入り、
沈み込んだ時にインパクトするとボレーが安定する!

フォアハンドボレー

横から見たB1のフォアハンドボレー

正面から見たB1のフォアハンドボレー

ボールに対してスクエアに入り ステップイン後の沈み込みでボールを捉える

短時間のスイング中でも体幹主導が原則だ。手首と首の付け根を、同じポジションにするイメージでラケットをセット。ステップインの後の沈み込みが強いインパクトを生む

ボールの飛球ラインに対してスクエアに入ることで、最短距離でボールを正確に捉えることができる

フォアハンドボレー

B1 テイクバック

スイングに入るための最初の挙動

左ワキ裏と股関節の裏の圧縮で、動きの基点となる運動軸を作る。

手首と首の付け根を同じ高さにセットするイメージ

左ワキ裏と左の股関節裏を結ぶラインを圧縮することで、打球方向に対して後ろ側に運動軸ができ、それとほぼ同時にカラダが反転する。左の手首と首の付け根を、同じ高さにセットするイメージを持つことで、ボールに対してラケットが最短距離で出ていく。

Swing check !

左手首と首の付け根を同じ高さにすることが、素早い体幹運動を生む!

Swing check !

ボールを呼び込むイメージが、左サイドのカベを強固にする

フォアハンドボレー

タメ

運動軸のスピン前の左サイドのカベ作り

右ワキ裏と右腹関節裏の圧縮で、右サイドの押し込みが可能。

両足の踏みつけが左サイドのカベを作る

沈み込み前の両足の踏みつけで、左サイドのカベを作ることができる。このカベができることで、右ワキ裏と右の股関節裏を結ぶラインの圧縮による、右サイドの押し込みが可能となる。ラケットヘッドが後ろに倒れるのは、手首が背屈するパラレルタイプの特徴。ボールの飛球ラインに対して、スクエアなポジション取りをしよう。

B1 フォアハンドボレー

コアインパクト

体幹運動の切り替えで自然発生する一場面

インパクトのタイミングは、ステップイン後の沈み込んだ時だ。

ステップイン後の沈み込みが強烈なインパクトのカギ

ラケットでボールを捉えるタイミングは、カラダが反転することで踏み出された足が着地し、右サイドの圧縮によってカラダが沈み込んだ時になる。この沈み込みによって強いインパクトが発生する。首の付け根の裏でボールを捉えるイメージを持つと、カラダが安定しボールを正確に捉えることができる。

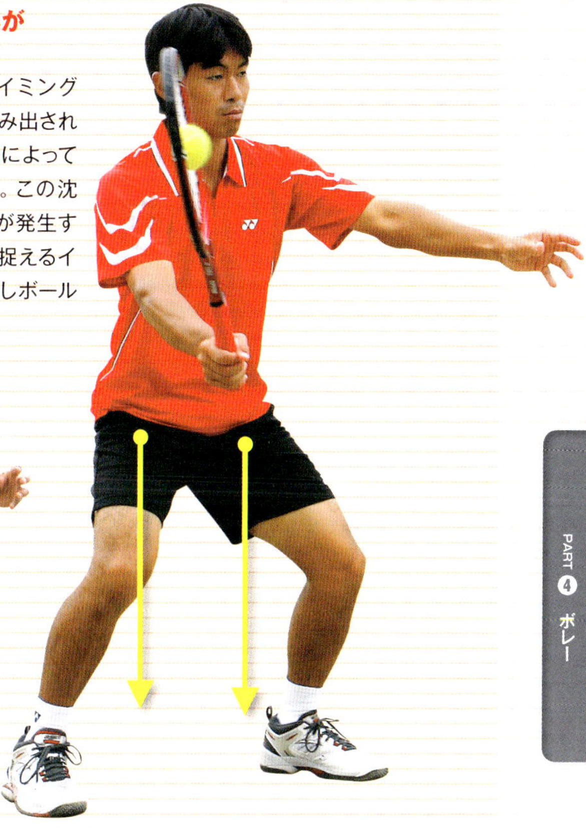

Swing check !
腰（両股関節）の沈み込みがインパクトを強くする

1. 2のリズムのボレーをイメージしていると、強いインパクトができない

NG image

B1

カラダの沈み込みによって、
パンチの効いたインパクトが発生する!

バックハンドボレー

横から見たB1のバックハンドボレー

正面から見たB1のバックハンドボレー

飛球ラインに対してスクエアに入り 両足の沈み込みがインパクトの決め手

短時間のスイング動作の中でも体幹主導が原則。手首と首の付け根を同じポジションにするイメージでラケットをセットする

両足の沈み込みが強いインパクトを生む。ボールの飛球ラインに対してスクエアに入ることで、最短距離でボールを正確に捉えることができる

バックハンドボレー

B1 スイッチポイント

スイングの切り替えポイント

後軸作りと、カラダの左右の同時反転でラケットをセットする!

右ワキ裏と右股関節裏を結んだ ライン の圧縮がカラダの反転を生む

右のワキ裏と、右の股関節の裏を結ぶラインを圧縮するイメージで動かしていく。この時、左足底と左の股関節の裏がそろい、打球方向に対して後軸ができ、カラダがほぼ左右同時に反転する。体幹主導の結果として、ラケットを持っている両手はカラダの正面にセットされる。

Swing check !

首の付け根と手首を同じ高さにすると、体幹がスムースに動く

ボールの入り方

ボールの飛球ラインに対してスクエアに入る

NG image

ボールの飛球ラインに斜めに入ろうとすると、ボールとの距離感が取りにくくなる

バックハンドボレー

B1 コアインパクト

体幹運動の切り替えで自然発生する一場面

パンチの効いたインパクトは、両足の沈み込みで発生する。

ステップイン後の沈み込んだ時がインパクトのタイミング

ラケットでボールを捉えるタイミングは、カラダが反転することで踏み出された足が着地し、左サイドの圧縮によって両足が沈み込んだ時になる。この沈み込みによって、パンチの効いたインパクトが生まれる。首の付け根の裏でボールを捉えるイメージを持つと、とても安定してボールを打つことが可能だ。

Swing check !

腰（両股関節）の沈み込みによるインパクト

バックハンドボレー

フォロースルー

正しいイメージが正しいスイングを生む

軸が後ろにあるため、フォロースルーは小さく見える。

素早い動きを可能にするB1タイプの基本姿勢

後軸を基点にインパクトしているので、グリップと胸の距離はAタイプとほぼ変わらないが、フォロースルーは小さく見える。沈み込みとともに体重が移動し、基本姿勢である足底、股関節裏、首の付け根裏が運動軸として直線にそろうこの姿勢になることで次の動きが速くなる。

Swing check !

左右への体重移動は少ないのが特徴だ

運動軸

Bタイプは打球方向に対して軸が後ろになる

B2

ボールに斜めに入り、
沈み込んだ時にインパクトするとボレーが安定する!

フォアハンドボレー

横から見たB2のフォアハンドボレー

正面から見たB2のフォアハンドボレー

ステップイン後の沈み込みで ボールを捉えるB2のボレー

短時間の動きの中でも体幹主導が原則だ。手首とワキの下（腕の付け根）を同じポジションにするイメージでラケットをセットする

後ろ足の沈み込みが強いインパクトを生む。ボールの飛球ラインに対して斜めに入ることで、最短距離でボールを正確に捉えることができる

フォアハンドボレー

B2 テイクバック

スイングに入るための最初の挙動

左ワキと右の股関節の圧縮で、動きの基点となる運動軸を作り出す!

手首とワキの下（腕の付け根）を同じ高さにセットするイメージ

左ワキと右の股関節を結ぶラインを圧縮することで、打球方向に対して右足底と右の股関節がそろい、動きの基点となる後軸ができ、胴体の向きが横向きに変わっていく。手首とワキの下（腕の付け根）を同じ高さにセットするイメージを持つことで、ボールに対してラケットが最短距離で出ていく。

Swing check !

手首とワキの下を同じ高さにすることが、素早い体幹運動を生む!

Swing check !

ボールを呼び込むイメージが、左サイドのカベを強固にする

フォアハンドボレー

タメ

運動軸のシフト前の左サイドのカベ作り

左の前腕を、空中で止める意識が左サイドのカベを作り出す!

左足はカラダの方向付けの役割を

左の前腕を空中で止める意識を持つことで、左サイドのカベを作り出すことができる。このカベができることで、右ワキと左の股関節を結ぶラインが圧縮でき、右サイドの押し込みが可能となる。ボールの飛球ラインに対しては、斜めに入っていくポジション取りをする。左足はカラダの方向付けの役割をする。

B2

フォアハンドボレー

コアインパクト

体幹運動の切り替えで自然発生する一場面

ボールのインパクトのタイミングは、カラダが沈み込んだ時になる。

踏み出された足の着地はインパクト後になる

ラケットでボールを捉えるタイミングは、右サイドの圧縮によってカラダが沈み込みながら移動している途中になる。そして、インパクト後に踏み出された足が着地する。首の付け根でボールを捉えるイメージを持つと、正確にボールを捉え、安定して打つことができる。

Swing check !

強い右腰の沈み込みが強いインパクトになる!

NG image

インパクトをステップインと同時にイメージすると、強いインパクトができなくなる

B2

飛球ラインに対して斜めに入り、
沈み込みによって鋭いインパクトが生まれる!

バックハンドボレー

横から見たB2のバックハンドボレー

正面から見たB2のバックハンドボレー

後ろ足の沈み込みによって
パンチの効いたインパクトが発生

短時間の中でも体幹主導が原則。手首と首の付け根を同じポジションにするイメージでラケットをセットする。後ろ足の沈み込みが鋭いインパクトを生む

ボールの飛球ラインに対し、斜めに入ることで、
最短距離でボールを捉えることができる

B2

バックハンドボレー

テイクバック

スイングに入るための最初の挙動

手首と首の付け根を同じ高さにセットするイメージ!

右ワキと左の股関節の圧縮で 動きの基点となる運動軸を作る

右ワキと左の股関節を結ぶラインを圧縮すれば、打球方向に対して左足底と左の股関節がそろう。これで、動きの基点となる後軸ができ、胴体の向きが横向きに変わっていく。ボールに対してラケットが最短距離で入っていくために、手首と首の付け根を同じ高さにセットするイメージを持つ。

Swing check!

手首と首の付け根を同じ高さにすることが、素早い体幹運動を生む!

Swing check!

左股関節上の軸線の位置でグリップを開放する

バックハンドボレー

タメ

運動軸のシフト前の右サイドのカベ作り

ボールを肩越しに見る意識が、右サイドのカベを作り出す。

右ワキと左股関節を結ぶラインのさらなる圧縮が安定した運動軸を作る

右ワキと左の股関節を結ぶラインが、さらに圧縮されることによって、上体はさらに水平にねじられる。その反射運動として右足のステップが始まる。その結果、運動軸をシフトする前に右サイドにカベができる。さらに左右グリップを左サイドの重心軸上で解放することで安定したタメをつくることができる。

B2 バックハンドボレー

コアインパクト

体幹運動の切り替えで自然発生する一場面

インパクト後に、踏み出された足が着地する。

インパクトのタイミングは後ろ足が沈み込んだ時だ

ラケットでボールを捉えるタイミングは、左サイドの圧縮によってカラダが沈み込みながら移動している途中。踏み出された足が着地するのはインパクト後になる。首の付け根でボールを捉えるイメージを持つと、安定してボールを捉えることができる。

Swing check！

強い左腰の沈み込みが強いインパクトになる！

バックハンドボレー

フィニッシュ

スイングしきった結果のカタチ

ラケットは体幹の圧縮ラインにそって動くイメージ！

軸が後ろにあるためフォロースルーは小さく見える

後軸を基点にインパクトしているので、グリップと胸の距離はAタイプとほぼ変わらないが、フォロースルーは小さく見える。ラケットワークは、体幹のクロスの圧縮ラインと同じラインをなぞるように動く。右足底、右の股関節、首の付け根が一直線にそろうことで、次の動きが素早くなる。

Swing check！

右足はストッピングの役割を果たす

リズム

リズムは、1・2の3をイメージしよう

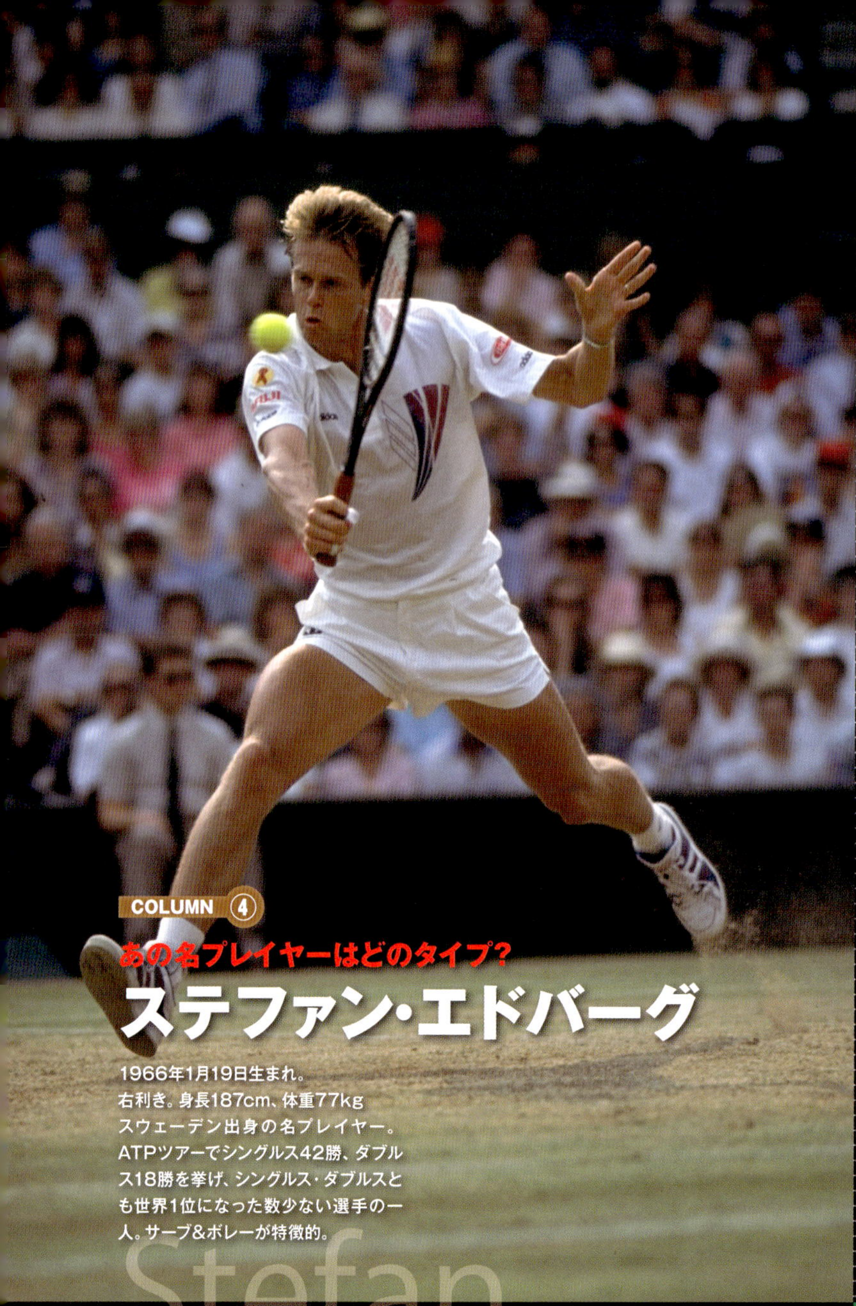

COLUMN 4

あの名プレイヤーはどのタイプ？

ステファン・エドバーグ

1966年1月19日生まれ。
右利き。身長187cm、体重77kg
スウェーデン出身の名プレイヤー。
ATPツアーでシングルス42勝、ダブルス18勝を挙げ、シングルス・ダブルスとも世界1位になった数少ない選手の一人。サーブ&ボレーが特徴的。

Stefan
Edberg

A1

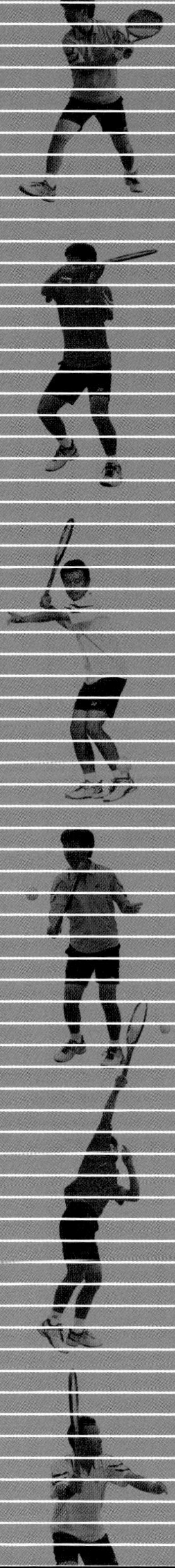

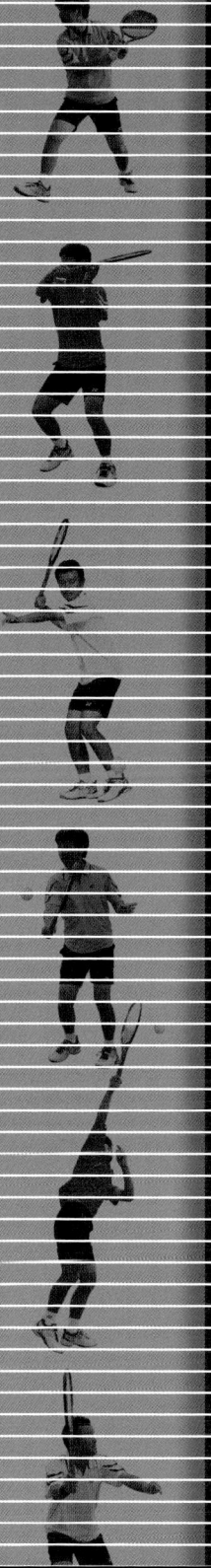

PART 5

サービス&スマッシュ

サービスとスマッシュを
4タイプ別に動きを紹介。
技術のポイントになる
部分を徹底解説。

A1

運動軸のシフトと左足の蹴りによる
カラダの上昇がスイングの加速を生む!

サービス

横から見たA1のサービス

正面から見たA1のサービス

左足の強い踏みつけによるカラダの上昇がA1の特徴

左ヒザを基点として地面を強く踏みつけた結果、
カラダが上昇してスイングが加速する

左ヒザの垂直線上にみぞおち、左ヒジ、右ヒジが引き寄せられるようにしてインパクトを
迎えると体幹のパワーをロスすることなくボールに伝えることが可能

A1

サービス

テイクバック

スイングに入るための最初の挙動

右ヒジがみぞおちと同じ高さになったら、トスアップスタートの合図だ。

左ヒザとみぞおちを結ぶラインを伸ばすイメージで初動する

左ヒザとみぞおちが地面に対して垂直に並んだ状態から、左ヒザとみぞおちを結ぶラインを伸ばすイメージで始動する。軸を前に残したまま、体重は一端後ろに移動。右腕は体幹によって動かされ、右ヒジがみぞおちの高さになったタイミングでトスアップを開始する。

Swing check !

肋骨の下辺に沿った、曲線運動のイメージを持って体幹を動かすと自然な動きに!

Swing check !

ボールは指先で持ち上げるイメージ!

サービス

トス

体幹運動との連動

トスアップの位置は、左ヒザの前を目標にする。

左腕は肩を支点に動きボールをトスする

テイクバック時に一端後ろに移った体重が、軸と同サイドに戻ってくる。その反射運動によって、右手は打球方向後に引かれ、左腕は肩を支点に動きトスされる。軸がシフトするクロスタイプの特徴として、左肩がかぶさるようなカタチになる。ボールを上げる位置は、左ヒザの前を目標に上げる。

サービス

A1 スイッチポイント

スイングの切り替えポイント

ボールを肩越しに見るカタチが、体幹主導でラケットセットされた証だ。

左ヒザ、左ヒジを結んだ ラインが一直線になる

左ヒザと左ヒジを結んだ垂直ライン上にみぞおちが入ってくることで、さらなる体重の戻りとともに、右側に弧を描いたラケットが自分の方に引き寄せられ、スイングの切り替えポイントに移る。トスアップの頂点とみぞおちを結んだラインの間でボールを捉えるイメージを持とう。

Swing check !

みぞおちで ボールを捉える イメージ!

右足は左サイドに引き寄せられ始める

背屈するイメージを持つと胸側にゆとりがなくなり、なめらかな振り出しができなくなる

NG image

A1 サービス

加速 上昇によるパワー

左足の地面への強い踏みつけが、スイングのパワーを生む。

カラダが上昇することで スイングが加速するAタイプ

左足に右足が引き寄せられ、両ヒザがそろうと同時に、左ヒザを基点として地面を強く踏みつけたその結果、カラダが上昇することでスイングが加速していく。Aタイプにはこの加速部分が必要不可欠だ。インパクトポイントにヒジから入っていくことで、ヒジから先のスナップでボールを捉えることになる。

Swing check！

左ヒザを基点に、地面を強く踏みつける!

みぞおちでボールを捉えるイメージを持とう

深い沈み込みからの伸び上がりをイメージすると、スイングが加速しなくなる

NG image

サービス

A1 コアインパクト

体幹運動の切り替えで自然発生する一場面

左足底、左ヒザ、左ヒジ、みぞおちを一直線にそろえるイメージ!

インパクトポイントは みぞおちの延長線上

地面と左ヒザの垂直線上に、みぞおち、左ヒジ、右ヒジが引き寄せられるようにしてインパクトを迎える。その結果、体幹のパワーをしっかりボールに伝えることができる。インパクト時に運動軸が形成されると、打球後の次の一歩が素早くなる。

Swing check!

左ヒジの引き寄せが、軸の安定を生む!

カラダの上昇がボールにパワーを与える

左ヒジを体側に引くイメージを持つとカラダが開いてしまい、強いインパクトができなくなる

NG image

A2

運動軸の前後のスピンと、
両足ジャンプによるカラダの上昇がスイングの加速を生む!

サービス

横から見たA2のサービス

正面から見たA2のサービス

両足の強い踏みつけによるカラダの上昇がパワーのあるスイングになる

両ヒザを基点として地面を強く踏みつけることで、
カラダが上昇しスイングが加速する

左ヒザ裏の垂直線上に、みぞおちの裏と左ヒジが引き寄せられるようにして
インパクトを迎えると、体幹のパワーしっかりボールに伝えることができる

A2 サービス

トス

体幹のスピン運動との連動

カラダの入れ替えとトスアップがワンモーションで行われる。

Swing check !

背中に意識を向けて、ラケットを引く!

ボールは指先で持ち上げるイメージ

背中側に意識を向け、ラケットを引き始めることで右サイドが引き伸ばされ、軸の前後のスピンによりカラダの前後の入れ替えが始まる。カラダの入れ替えとともに、左腕は肩を支点に動いてトスされる。ボールを上げる位置は、構えた時につくった左軸の延長線上に上げるイメージだ。

体重の左右の移動は少ない

NG image

ラケットを後ろに大きく引きすぎると、カラダの入れ替えを使ったトスができなくなる

A2 サービス スイッチポイント

スイングの切り替えポイント

背中を中心にエビ反るカタチが、体幹主導でラケットセットされた証拠だ。

みぞおち裏でボールを捉えるイメージ

一見、沈み込んでいるように見えるが、カラダの背面に意識を向けてラケットを引いたため、背中を中心に背屈してエビ反ったカタチになる。このカタチが体幹主導でラケットがセットされた証拠。トスアップの頂点とみぞおち裏を結んだラインの間でボールを捉えるイメージを持つ。

Swing check !

カラダの左右がスピンしたために、エビ反ったように見える!

両ヒザで地面をしっかり踏む意識が重要

大きな体重移動をイメージすると、カラダの入れ替えができなくなってしまう

NG image

A2 サービス
加速 上昇によるパワー

パワーのあるスイングは、両足の地面への強い踏みつけがカギ!

カラダが上昇することで スイングが加速するAタイプ

両ヒザを基点として地面を強く踏みつけた結果、カラダが上昇することでスイングが加速する。Aタイプにはこの加速部分が必要不可欠だ。上昇とともに体幹の面の切り替えが起こる。インパクトポイントにヒジから入っていくことで、ヒジから先のスナップでボールを捉えることになる。

Swing check !

両ヒザを基点にして地面を強く踏みつける

みぞおち裏側でボールを捉えるイメージ

NG image

深い沈み込みからの伸び上がりをイメージすると、スイングが加速しなくなる

サービス

A2 コアインパクト

体幹運動の切り替えで自然発生する一場面

左足底と左ヒザ裏、みぞおち裏を一直線にそろえるイメージ!

インパクトポイントは みぞおち裏側の延長線上

地面と左ヒザの裏側の垂直線上に、みぞおちの裏側と左ヒジ、右ヒジが一直線上に引き寄せられるようにしてインパクトを迎える。こうなることで、体幹のパワーをしっかりボールに伝えることができる。インパクト時に運動軸が形成されると、打球後の次の一歩を素早く動かすことができる。

左腕を抱き込むようにしてワキをしめるイメージだと、体幹の動きが制限されてしまう

NG image

Swing check!

左ヒジの体側への引き寄せが、軸の安定を生む

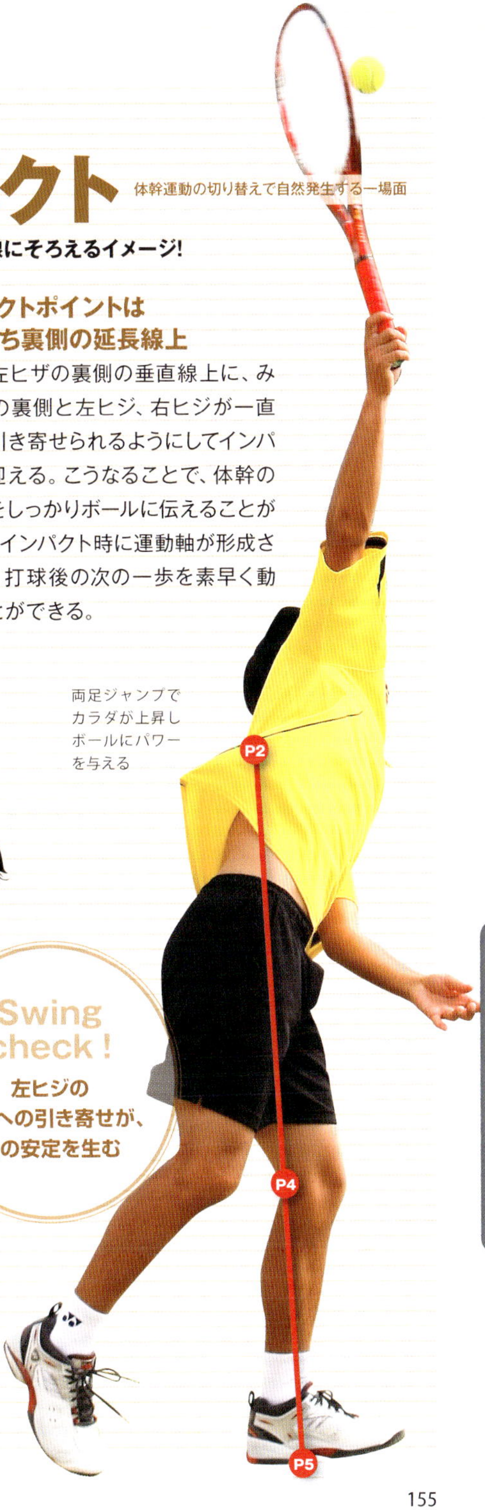

両足ジャンプでカラダが上昇しボールにパワーを与える

B1

運動軸の前後のスピンと、強く沈めたものを
元に戻すというイメージが体幹のパワーを生む!

サービス

横から見たB1のサービス

正面から見たB1のサービス

沈み込みからの両足の踏みつけが力強いパワフルなサービスになる

背中に意識を向け、沈み込んだ状態から地面を踏みつけた結果、体幹の面の切り替えが起きラケットがスイングされる

強く沈めたものを元に戻すというイメージを持つと、体幹のパワーがボールに伝わる

サービス

B1 テイクバック

スイングに入るための最初の挙動

前足のカカトで地面をプッシュして、動きの基点となる運動軸を作る。

右足底、右の股関節裏を地面に対して垂直にそろえる

前後の動きで左のつま先を上げ、カカトで地面をプッシュすることで、右足の底と右の股関節の裏側が地面に対して垂直になる。B1タイプは、打球方向に対して後ろサイドに軸を作り、その軸を前後にスピンされることでスイングが起きる。テイクバックは、スイングの基点になる後軸を作るポイントになる。

Swing check !

カカトで地面をプッシュして、重心を後ろに移動!

背屈

手首が背屈するのはパラレルタイプの特徴的な部分

トゥアップでシフトするのがB1の特徴だ

NG image

軸を前にイメージしてしまうと、体幹を使うことができなくなってしまう

サービス

B1 トスアップ

スイングの切り替えポイント

右手首が右股関節と同じ高さになったら、それがトスアップスタートの合図!

カラダの安定が崩れないトスアップを生む

右足の底、右の股関節を結ぶ垂直ラインに右手首が入ってくるタイミングで、ボールをトスする左手が始動する。動きの基点となる運動軸線上に、股関節のサブポイントである右手首がそろうことで、よりいっそうカラダが安定するため、ボールをトスする左手の動きも安定する。

Swing check !
背中に意識を向けてラケットを引こう!

右腕は股関節の体側に位置する

サービス

トス

体幹運動との連動

右のワキ裏と右の股関節裏側を結ぶラインを圧縮することでトスする

手首と肩を結んだライン上にヒジを入れるイメージでトス

右のワキ裏側と右の股関節の裏側を結ぶ、ラインを圧縮することで左サイドが上がってくる。この動きを利用してトスアップをすることで、体幹運動によるトスが可能になる。左腕の使い方としては、手首と肩を結んだラインにヒジを入れるイメージで動かす。この時カラダはスクエアになる。

Swing check !
左腕は手首と肩を結んだラインにヒジを入れるイメージ!

サービス

B1 スイッチポイント

スイングの切り替えポイント

後軸を中心に、背屈したカタチがラケットセットされた証だ!

首の付け根裏と股関節裏、足底を結んだラインが一直線になる

右のワキ裏側、右の股関節の裏を結ぶラインの、圧縮が完了するタイミングで右足がステップインされ、右足の底と右の股関節の裏、首の付け根が垂直ライン上で並ぶカタチになる。背屈することでラケットは背中側に引き上げられ、それと同時に左サイドが前に出てくる。トスアップの頂点と、首の付け根裏を結んだラインの間でボールを捉えるイメージを持とう。

Swing check!

首の付け根の裏側でボールを捉えるイメージだ!

Swing check!

強く沈めたものを元に戻すというイメージ!

サービス

フォワードスイング

運動軸のスピン

沈み込みからの両足の地面への強い踏みつけがスイングのポイント!

ジャンプするイメージを持つとパワーが発揮できないBタイプ

背中に意識を向け、沈み込んだ状態から地面の踏みつけによって、体幹の面の切り替えが起こる。ジャンプするようなイメージを持ちカラダを浮かせてしまうと、Bタイプはパワーを発揮することができなくなる。強く沈めたものを元に戻すというイメージを持つと、体幹のパワーを確実にボールに伝えられる。

サービス

B1 コアインパクト

体幹運動の切り替えで自然発生する一場面

カラダの後ろ気味でボールを捉えるのがB1タイプ!

ボールを捉えるイメージは首の付け根の裏あたりで

Bタイプは、ボールの打球方向に対して軸を後ろに作るため、フォワードスイングからインパクトにかけて、右の股関節にボールを呼び込んでインパクトするのがポイントだ。しかも、背筋を主導するB1タイプの特徴として、カラダの後ろ気味でボールを捉えていく。強く踏みつけた結果、地面から足が離れている。

強く踏み込んだ結果としてジャンプは起こる

NG image

左ヒジをカラダの前に引き寄せるイメージを持つと、体幹の動きが制限されてしまう

Swing check!

後軸でスイングするイメージが、強いインパクトを生む!

B2

運動軸のシフトと強く沈めたものを
元に戻すというイメージが体幹のパワーを生む!

サービス

横から見たB2のサービス

正面から見たB2のサービス

沈み込みから地面への右足の踏みつけが体幹のパワーを生むB2の特徴

胸側に意識を向け、沈み込んだ状態から地面を踏みつけた結果、体幹の面の切り替えが起きラケットがスイングされる

強く沈めたものを元に戻すというイメージを持つと、体幹のパワーがしっかりボールに伝わる

サービス

B2 テイクバック

スイングに入るための最初の挙動

左ワキと右の股関節を結んだラインの圧縮が、動きの基点となる!

左ワキと右股関節ラインの圧縮で右の股関節と足底が垂直に

左足の底と左の股関節、首の付け根を地面に対して垂直にそろえ、ラケットを構えた状態から、左ワキと右の股関節を結んだラインを圧縮することで、運動軸のシフトが始まる。その結果、右足底と右の股関節が地面に対して垂直になり、動きの基点となる後軸が作られるのがB2タイプのテイクバック。

Swing check !

両足がしっかりグリップできる歩幅が大切!

Swing check !

右股関節の前でラケットとボールを離す

サービス

トスアップ

体幹運動との連動

運動軸のシフトの完了が、全ての動きの大前提!

左手首が右の股関節にきたらトスアップスタートの合図

さらなるカラダのクロスの圧縮により、右足の底と右の股関節、首の付け根が地面に対して垂直ライン上に並び運動軸のシフトが完了。軸のシフトにより体幹運動が生まれ、体幹運動によって左手が運動軸方向に引き寄せられる。左手首が運動軸線上に入ってからボールをトスする左手が始動していく。

サービス

B2 スイッチポイント

スイングの切り替えポイント

ボールを肩越しに見るカタチが、体幹主導でラケットセットされた証。

右足の押し込みで動きの運動軸がシフトする

後ろ足の押し込みにより首の付け根と股関節ラインが一直線

左ワキと右の股関節を結ぶラインをキープするイメージを持ちながら、右足の押し込みにより体重が左足に移動する。こうすることで、首の付け根と股関節が地面に対して垂直ライン上で並ぶ。ラケットは後ろから引き上げられる。トスアップの頂点と首の付け根を結んだラインの間でボールを捉えるイメージだ。

Swing check !

首の付け根でボールを捉えるイメージ

背屈するイメージを持つと胸側にゆとりがなくなり、なめらかな振り出しができなくなる

NG image

サービス

B2 コアインパクト

体幹運動の切り替えで自然発生する一場面

地面への強い踏みつけが、体幹の面の切り替えを速くする。

強く沈めたものを元に戻すイメージ

Ｂタイプはボールの打球方向に対して軸を後ろに作るため、フォワードスイングからインパクトにかけて、右の股関節にボールを呼び込んでインパクトするカタチがポイントになる。トスアップした左腕を抱き込むようにしてワキを締めることで、体幹のパワーをボールに伝えることができる。強く踏みつけた結果、地面から足が離れているのがわかる。

強く踏み込んだ結果としてジャンプは起こる

Swing check !

インパクトを強くするには、後軸でスイングするイメージを持つこと

前軸でスイングするイメージを持つと、強いインパクトができなくなる

NG image

サービス

B2 フィニッシュ

スイングしきった結果のカタチ

着地後の運動軸の形成が、次の一歩を速くする!

右足は次の動き
の方向づけ

左足底と左の股関節、首の付け根を一直線に

インパクト後に、着地と同時に着地足である左足の底と左の股関節、首の付け根が地面に対して垂直ライン上に並び、次の動きのための運動軸が作られるのがB2タイプ。そのため、右足を十分に使うことができる。右足を踏み出す方向を変えることで、次のボールへの対応が速くなる。

Swing check!

左腕を抱き込むようにすると、運動軸が作りやすくなる

NG image

左腕を体側に引くイメージを持つとバランスが崩れてしまい、次の動きが遅くなる

A1

カラダの右サイドのクロスへの引き伸ばしが、スイングへの切り替えの合図!

スマッシュ

横から見たA1のスマッシュ

正面から見たA1のスマッシュ

左ヒザとみぞおちを結んだ ラインの引き伸ばしでラケットセット

ボールを追いかけるステップから、左ヒザとみぞおちを結んだラインの引き伸ばしでラケットをセットする

みぞおちでボールを捉えるイメージを持ちながら、地面への左足の踏みつけで躊躇せずに一気にスイングする

スマッシュ

A1 スイッチポイント

スイングの切り替えポイント

左肩のかぶせが、体幹主導でラケットセットされた証だ!

左ヒザの決めからクロスの引き伸ばしでラケットセット

左ヒザとみぞおちを結ぶ、ラインの引き伸ばしにより、体幹主導でラケットがセットされる。その結果、胴体は肋骨の下辺に沿った曲線でねじれて、左肩がかぶるカタチになる。落下してくるボールの軌道下にみぞおちがくるように位置させ、その間でボールを捉えるイメージを持つと良い。

Swing check !

みぞおちでボールを捉えるイメージ!

ここからは、躊躇せずに一気にスイングする

ボールの飛球ラインにスクエアに入ろうとすると、ボールとの距離感が合わせにくい

NG image

スマッシュ

A1 コアインパクト

体幹運動の切り替えで自然発生する一場面

右ヒザとみぞおちを結ぶ、ラインの引き伸ばしの動きで一気にスイング!

左ヒザ、みぞおち、ラケットが一直線に並ぶイメージ

右ヒザとみぞおちを結ぶラインを引き伸ばすことで、体幹の面（カラダの正面）が横向きから前向きに切り替わるとともに、ラケットが引き上がってきてボールを捉える。左ヒザ、みぞおち、ラケットが一直線に並ぶ時にボールを捉えると、体幹のパワーがロスすることなくボールに伝わり強烈なスマッシュになる。

Swing check !

胸側に意識を置くと、スイングがスムースになる!

左ヒジをみぞおちに引き寄せれば、カラダが安定される

左ヒジを体側に引くイメージを持つとカラダが開いてしまい、強いインパクトができない

NG image

A2

背中を中心にエビ反るカタチが、
スイング への切り替えの合図だ!

スマッシュ

横から見たA2のスマッシュ

正面から見たA2のスマッシュ

右ヒザ裏とみぞおち裏を結んだ ラインの引き伸ばしがA2の特徴

ボールを追いかけるステップから、右ヒザ裏とみぞおちの裏を結んだ、ラインの引き伸ばしでラケットをセットする

みぞおちの裏でボールを捉えるイメージを持ちながら、地面への両足の踏みつけで躊躇せずに一気にスイングしよう

スマッシュ

A2 スイッチポイント

スイングの切り替えポイント

背中を中心にエビ反るカタチが、体幹主導でラケットセットされた証!

ボールの軌道下にみぞおち裏を置き その間でボールを捉える

右ヒザ裏とみぞおち裏を結ぶラインの引き伸ばしにより、体幹主導でラケットがセットされる。その結果、一見沈み込んでいるように見えるが、カラダの背面に意識が向けられ、背中が背屈したカタチになる。落下してくるボールの軌道下にみぞおち裏を位置させて、その間でボールを捉えるイメージを持とう。

Swing check!
みぞおち裏でボールを捉えるため半身で構える

ボールの飛球ラインに斜めに入ろうとすると、ボールとの距離感が取れにくい

NG image

スマッシュ

A2 コアインパクト

体幹運動の切り替えで自然発生する一場面

左ヒザ裏とみぞおち裏を結ぶ、ラインの引き伸ばしの動きで一気にスイングする。

左ヒザ裏とみぞおち裏、ラケットが一直線になるように

左ヒザの裏とみぞおちの裏を結ぶラインを引き伸ばすことで、カラダが横向きから前向きに切り替わるとともに、ラケットが引き上がってきてボールを捉える。左ヒザ裏とみぞおち裏、ラケットが一直線に並ぶ時にボールを捉えれば、体幹のパワーをロスすることなくボールに伝えることができる。

NG image

カラダの胸側に意識を持ってしまうと、なめらかなスイングができなくなる

Swing check!

背中で動かす意識を置くと、スイングがスムースになる!

左ヒジを体側に引き寄せれば、カラダが安定する

B1

左サイドの圧縮が、スイングへの切り替えの合図!

スマッシュ

横から見たB1のスマッシュ

正面から見たB1のスマッシュ

左ワキ裏と左股関節裏を結んだ ラインの圧縮でラケットをセット

ボールを追いかけるステップから、左の股関節の裏と左ワキの裏を結んだラインの圧縮で、ラケットをセットする

首の付け根の裏で、ボールを捉えるイメージを持ちながら、地面への両足の踏みつけで躊躇せずに一気にスイングしよう

スマッシュ

B1 スイッチポイント

スイングの切り替えポイント

体幹主導でラケットセットされたら、腰を中心にエビ反るカタチになる。

左ワキ裏と左股関節裏を結んだ ラインの圧縮でラケットセット

いち早くボールの下に入り、左ワキの裏と左の股関節裏を結ぶラインが圧縮できれば、体幹主導でラケットがセットされる。その結果、腰を中心に背屈したカタチに見える。落下してくるボールの軌道下に、首の付け根の裏を位置させ、その間でボールを捉えるイメージを持つ。

ここからは、躊躇せずに一気にスイングする

Swing check!

左手首を背屈させることで左サイドのカベができる

ボールの飛球ラインに斜めに入ると、ボールとの距離感を取りにくい

NG image

スマッシュ

B1 コアインパクト

体幹運動の切り替えで自然発生する一場面

右ワキ裏と右股関節裏を結ぶ、ラインの圧縮で一気にスイング!

首の付け根の裏でボールを捉える意識が体幹のパワーを伝える

地面を両足で踏みつけることで、体幹（カラダ）の面が横向きから前向きに切り替わるとともに、ラケットが引き上がってきてボールを捉える。強く沈み込んだカラダを、元に戻すイメージを持つとスイングがスムーズになる。首の付け根の裏でボールを捉える意識を持てば、体幹のパワーをロスすることなくボールに伝えることができる。

Swing check !

背中側に意識を置くと、スイングがスムースに!

左のワキ裏の締めがカラダを安定させる

左腕をカラダの前に引き寄せると、体幹の動きが制限されてしまう

NG image

B2

カラダの左サイドのクロスの圧縮が、
スイングへの切り替えの合図!

スマッシュ

横から見たB2のスマッシュ

正面から見たB2のスマッシュ

左ワキと右の股関節を結んだ
ラインの圧縮でラケットセット

ボールを追いかけるステップから、左ワキと右の股関節を
結んだラインの圧縮でラケットをセットする

首の付け根でボールを捉えるイメージを持ちながら、地面への右足の
踏みつけで躊躇せずに一気にスイングしよう

B2

スマッシュ

スイッチポイント

スイングの切り替えポイント

左胸のかぶせが、体幹主導でラケットをセットされた証!

左ワキと右の股関節を結んだラインの圧縮でラケットセット

いち早くボールの落下点に入り、左ワキと右の股関節を結んだラインの圧縮により、体幹主導でラケットがセットされる。その結果、胴体は地面に水平にねじれて左胸がかぶるカタチになる。落下してくるボールの軌道下に、首の付け根を持っていき、その間でボールを捉えるイメージを持つ。

ここから後は、躊躇せずに一気にスイングしていく

Swing check!

首の付け根でボールを捉えるイメージ!

Swing check!

カラダの前に出した左手の前腕を固定する意識が、左サイドのカベを強固に!

スマッシュ

タメ

運動軸のシフト前の左サイドのカベ作り

クロスのさらなる圧縮が、運動軸のシフト前の左サイドのカベを作る。

左ワキと右股関節を結ぶラインがさらに圧縮され重心が落ちる

左ワキと右股関節を結ぶラインがさらに圧縮されることによって、腰がさらに沈み重心が落ちる。その反射運動として、左足がステップされる。その結果、運動軸をシフトする前に左サイドにカベができる。このカベができることによって、運動軸のシフトが安定する。

B2

スマッシュ

コアインパクト

体幹運動の切り替えで自然発生する一場面

体幹の面の切り替えの速さは、右足の地面への強い踏みつけと比例する。

首の付け根でボールと捉える意識が体幹のパワーを伝える

地面を右足で踏みつけることで、体幹（カラダ）の面が横向きから前向きに切り替わる。それとともに、ラケットが引き上がってきてボールを捉える。強く沈み込んだカラダを元に戻すイメージを持つと、スイングがスムースになる。首の付け根でボールを捉えるように意識すれば、ロスすることなく体幹のパワーがボールに伝わる。

Swing check !

カラダの胸側に意識を置くと、スイングがスムースに!

左腕を体側に引くイメージを持つと、カラダが開いてしまい強いインパクトができない

NG image

ふところを深くキープする意識が大切だ

COLUMN 5

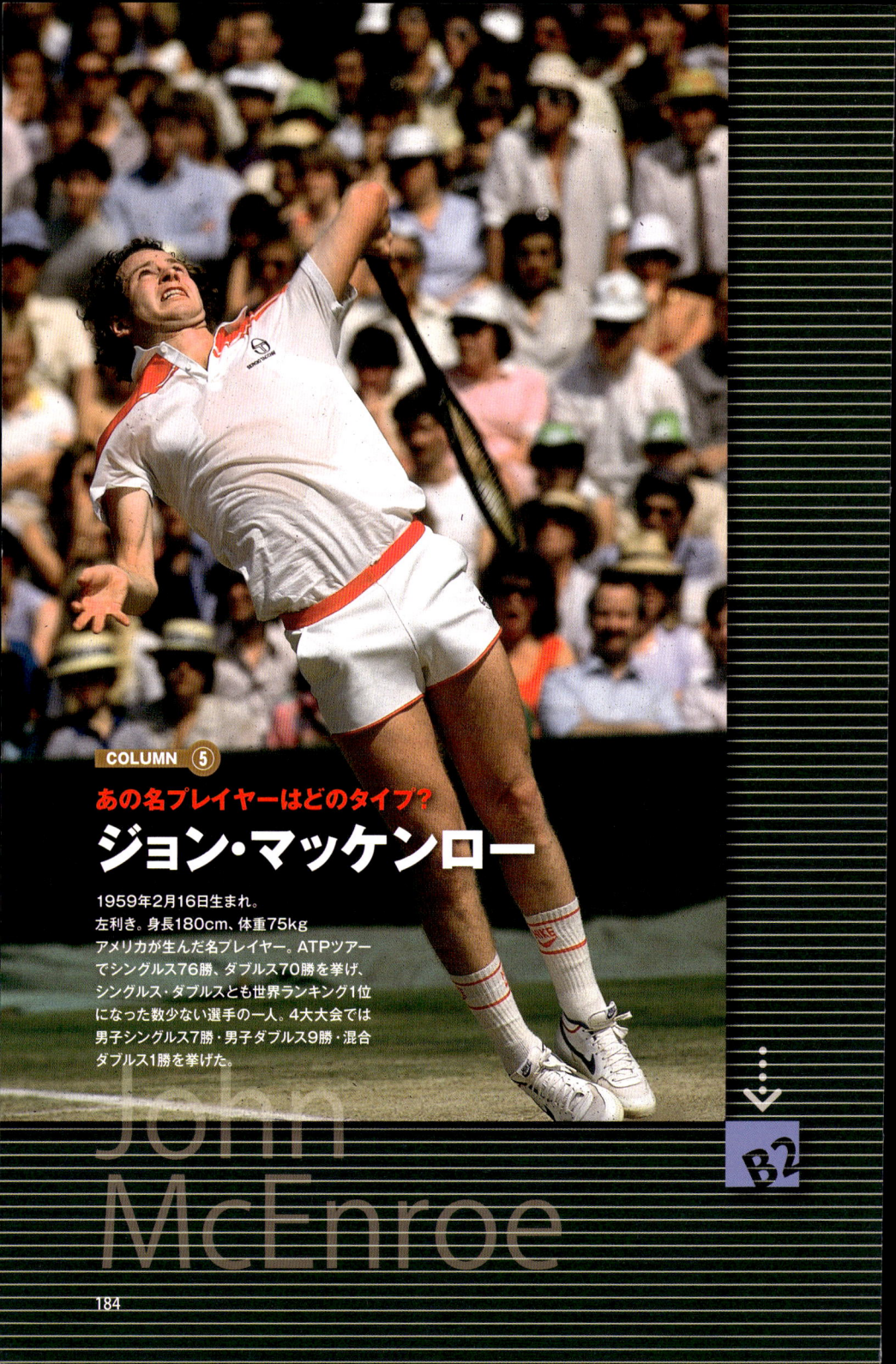

あの名プレイヤーはどのタイプ？

ジョン・マッケンロー

1959年2月16日生まれ。
左利き。身長180cm、体重75kg
アメリカが生んだ名プレイヤー。ATPツアーでシングルス76勝、ダブルス70勝を挙げ、シングルス・ダブルスとも世界ランキング1位になった数少ない選手の一人。4大大会では男子シングルス7勝・男子ダブルス9勝・混合ダブルス1勝を挙げた。

John McEnroe

B2

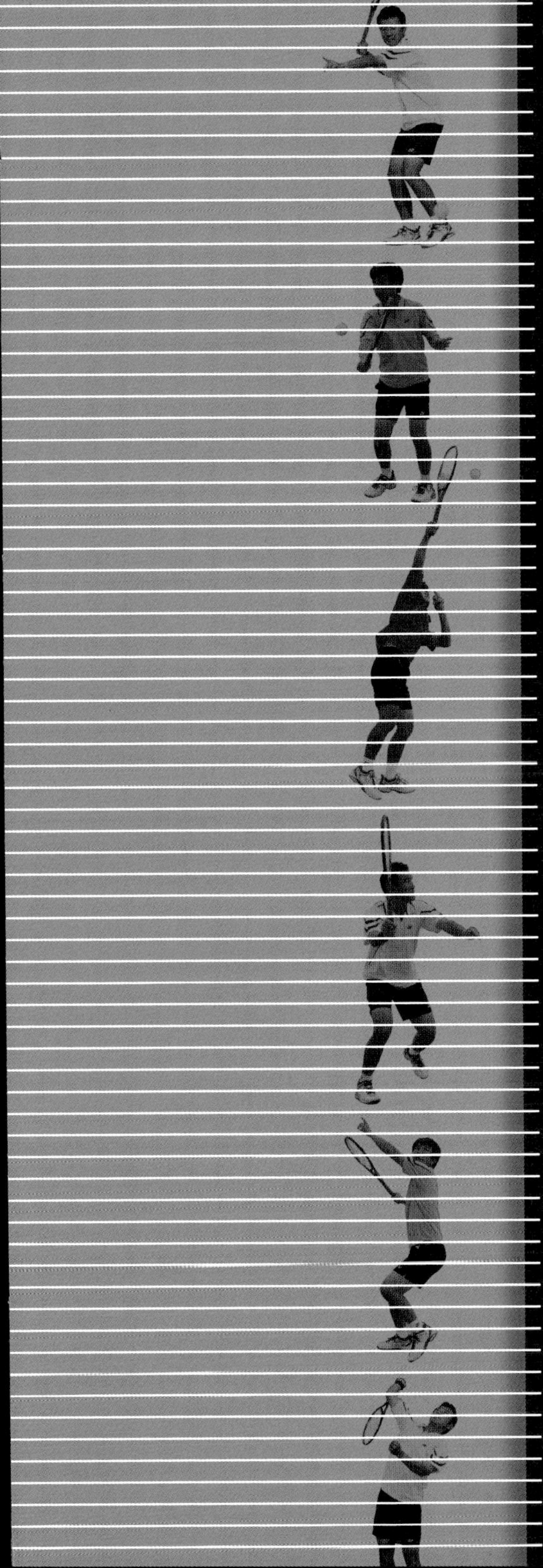

PART 6

フットワーク

テニスで重要なのは
スイングだけではない。
フットワークもある。
4タイプ別の正しいフットワークで
レベルアップ間違いなし。

スプリットステップからのボールへの入り方

A1 移動後、右ヒザが決まった時にカラダの反転が始まる

移動後、右足のヒザが決まった時にカラダの反転が始まり、後ろ足のヒザが右ヒザを交差した時にカラダの反転が完了する

A2 前ヒザの決めと同時にカラダが反転しつつ移動する

移動後は右ヒザが決まり、後ろ足のヒザを引き寄せられると反転が完了する。ボールの飛球ラインに対してスクエアに入る

進行方向に対して軸を前に作るAタイプ。スプリットステップ後、進行方向に対して前足になる右ヒザを決め、後ろ足のヒザを引き寄せるながら移動

Aタイプは進行方向に対して軸を前に作る。スプリットステップ後、進行方向に対して前足になる右ヒザが決まると同時にカラダが反転しつつ移動する

スプリットステップからのボールへの入り方

B1 後ろ足のキックでカラダの反転が始まりその後、移動に入る

移動後は右足の底と右の股関節の裏、首の付け根の裏が地面に対して
垂直ライン上にそろったときに、カラダの反転が完了する

B2 移動後に軸足が決まった時にカラダの反転が始まる

右足が決まる時にカラダの反転が始まり、右足底、右の股関節の裏、首の付け根の裏が、垂直ライン上に
そろったときにカラダの反転が完了。ボールの飛球ラインに対して斜めに入っていく

進行方向に対して軸を後ろに作るBタイプ。スプリットステップ後、進行方向に対して後ろ足になる左足のキックでカラダの反転が始まる

Bタイプは、進行方向に対して軸を後ろに作る。スプリットステップ後にさらに一度沈み込む。その後、進行方向に対して後ろ足になる左足で蹴ることで移動する

A1 A2 B1 B2

あとがき

レッシュ・テニスの世界、いかがでしたでしょうか？私は今回の監修でテニスというスポーツに触れ、その特殊性に気づきました。

それは、トッププレイヤー達の写真を検索しているときでした。同じプレイヤーの大量な写真群の中に同じカタチで打っているものが非常に少ないのです。

通常、プレイヤーにはカタチがあって、個人の潜在特性(4スタンス)が現れやすいインパクトの周辺には同じフォームが見てとれるのですが、潜在特性の型はあってもカタチは定まっていないのです。

そこで私は、一つの仮説を建ててみました。

テニスのショットは一打一打がアドリブではないか？　というものです。

この謎は、この本のパートナーである谷口勇美雄コーチのアドバイスで解く事ができました。

つまり、テニスは絶対的な正しいショットがあって、それをステップでつなぐスタイルの競技ではなく、まずボールに追いつき、自分の潜在的なインパクトポイントを獲得する前提の中で、最良なショットを作っていく競技なのです。

本能的に走り、流れのままステップし、潜在的なインパクトをショットする。

この超スーパー アドリブスイングが、レッシュ・4スタンス・テニスの正体です。

自分の生来、天賦の身体機能を充分に生かしたテニスを全身で楽しんでみて下さい。

スポーツは自由なものなのだ！という事が実感できる事でしょう。

最後に出版に際しご助力をいただきました関係者の方々に感謝いたします。

廣戸　聡一

■ 監修

廣戸聡一（ひろと そういち）

1961年、東京都生まれ。

野球、剣道、格闘技などさまざまなスポーツを経験。整体治療を学び治療の道に進む。スポーツ整体「廣戸道場」を主宰、施療家としての仕事の他に、野球、ボクシング、パワーリフティング、ゴルフ、サッカーなど、プロアマ、ジャンルを問わず一流アスリートの食事面、トレーニング方法、身体のケアまで、総合アドバイザーとして肉体管理を担う。1998年と2002年には米MLB球団に。2000年には米ボクシングジムに。2001年にはソルトレイク五輪にと、海外での活動も目覚しい。現在、自身独自の身体理論「Reash（レッシュ）理論」を中心に若き施療家とトレーナーの育成に尽力するとともに、この理論を広める活動「Reash Project（レッシュプロジェクト）」を展開中。

■ 著者

谷口勇美雄（たにぐち ゆみお）

BTL代表。BTLテニスキャンプ主催。

http://www.btl.cc

テニスギアのテスト及び商品開発のアドバイスからテニスキャンプ、テニスイベントの企画・運営。テニスレッスンの運営委託。テニス本や雑誌の企画から執筆まで多岐に渡って活躍している。テニスショップとのコラボレーション企画である。プレイヤーとラケットの相性診断「ラケットドック」では、唯一無二のフィッターとして3000人以上のプレイヤーを診断。人間の限りない潜在能力に注目した一味違う指導法は多くのプレイヤーの笑顔を生みだし、テニス愛好家のテニスライフの充実に大きく貢献している。社団法人日本プロテニス協会認定プロフェッショナル2。USPTA認定プロフェッショナル2。財団法人日本体育協会公認テニス上級教師。NPO法人レッシュ・A級トレーナー。

■ 撮影モデル

田上公明
（たがみ きみあき）

吉田　平
（よしだ たいら）

徳重幸人
（とくしげ ゆきと）

堀口　努
（ほりぐち つとむ）

■ 撮影協力

ヨネックス株式会社

エストーレホテルアンドテニスクラブ

テニス 4スタンススイング革命

監修者　廣戸聡一
著　者　谷口勇美雄
発行者　富永靖弘
印刷所　株式会社高山

発行所　東京都台東区台東4丁目7　株式会社　新星出版社
〒110-0016　☎03(3831)0743　振替00140-1-72233
URL http://www.shin-sei.co.jp/

Printed in Japan

ISBN978-4-405-08658-6